好きなことを楽しく いやなことに学ぶ

── 福原義春流・自分育て、人育て

福原義春

かまくら春秋社

好きなことを楽しく
いやなことに学ぶ

――福原義春流・自分育て、人育て

装丁　林琢真

もくじ

帯、インタビュー写真提供　神奈川新聞社

プロローグ

——逗子に暮らし半世紀

逗子市民となって約半世紀になる。なぜ逗子に住むようになったかは、東京オリンピック開催と深い関わりがある。

それまで私は、生まれ育った東京都品川区長者丸（現・上大崎二丁目）の家に結婚したばかりの妻と、母と住んでいた。ところがオリンピックのための高速道路（首都高二号線）にわが家の土地が引っかかり、首都高速道路公団が立ち退き交渉に来たのだ。

近所では反対運動が起こったが、私は、反対し続けられるとは思わなかった。追い詰められてから引っ越し先を探すのではろくな物件が見つからないと思い、反対運動に加わりながら越す準備も進めることにした。

まず都内で探した。八〇件以上当たったが、大した物件がない。父から受け継いだわが家は、借地とはいえ二五〇坪ほどあり、それと同等の土地となると、ひとかどの成功を収めた方が所有し、亡くなられた後、売却された土地が多かった。そういう所でも、よい土地なら遺族が相続するのであり、売りに出されるのは、高い税金を払って相続してもしょうがない、と見限られた所なのだ、とだんだん分かってきた。

そこで頭を切り替えて思い付いたのが、幼いころからなじみの深い湘南・逗子である。駅前の武藤という不動産屋に頼んだところ、すぐに適当な土地が見つかった。さらに好都合なことに、その隣のお宅は部屋に余裕があったので、家が建つまでそこへ仮越しすることができた。

もう一つ、私が逗子を選んだのには大きな理由があった。家には父の代からのランの温室があり、私もランづくりを趣味にしている。栽培には水が不可欠で、どんなによい場所でも、夏にたびたび断水する所はお断りである。日当たりも風通しも重要だ。高度成長期の真っ盛りで、東京でいつまでも日当たりを確保できる土地を探すのは難しいように思われた。それに買った時は大丈夫でも、すぐに周りにマンションが建ち並ぶのでは、という心配もある。

逗子も、その危険性が皆無ではなかったが、まだ十分に余裕がありそうだった。実際、今もランの栽培に申し分ない環境である。逗子に来た時は一棟だった温室も今は三棟になり、私のランとの結び付きはますます深くなった。

植物を育てることは、自然と触れ合う楽しさもあれば、なかなか成果が出ないで悩んだり、奥深いものを知ることもある。人を育てることに通ずる面も少なくない。「育てる」に注目して人生を振り返れば、また新しいことが見えてくるかもしれない。

第一章　創業者の家

西洋薬学修めた祖父、有信

かつて逗子海岸の富士見橋付近に「養神亭」という料亭があった。もとは明治の文人に親しまれた旅館だったそうだ。その料亭である日、家族で食事をしていると、隣の席に大日本弓馬会（鎌倉の流鏑馬《やぶさめ》の団体）の故・金子有鄰《ゆうりん》会長（当時）がいらして、私が誰だか気付かないまま、連れのご家族に大声で話し始められた。昔、この隣に福原別荘があり、その主人の有信《ありのぶ》は目の下三尺のタイのような立派な人物だった、と。

まれに見る大人物として金子会長の記憶にとどめられた福原有信は私の祖父である。生まれは安房国松岡村（千葉県館山市）で家は代々医師であった。さかのぼると「南総里見八犬伝」の里見氏の家臣で、主家没落後、この村の郷士となったという。

幕末、江戸に出て幕府医学所、そして明治維新後に大学東校で西洋の薬学を勉強した祖父は、一八七一（明治四）年、二四歳で海軍病院薬局長の職に就く。ところが翌年には辞職し「民間で正しい薬を適正な価格で」という理想を掲げて、銀座に「洋風調剤薬局資生堂」を開いた。間もなく新橋駅が開業するころで、銀座が今後、東京の中心となって発展すると見込んだのだ。

商号は、中国古典「易経」の一節にある「万物資生」から採ったところに、漢方医の家に生まれ育った素地が表れている。「万物資生」とは、この世の徳、つまり有益なものはすべてこの世界の中から生まれる、といった意味をもつ。

薬局の経営に加え医薬や化粧品の製造販売も進め、それが軌道に乗ると、医薬分業の社会運動に取り組んだ。この運動の先駆の先駆といったところだ。後半生は、帝国生命保険株式会社（現・朝日生命保険相互会社）の創業とその発展にもささげた。帝国生命は、近代的生命保険会社としては日本で二番目に設立された会社である。

祖父・有信の若いころ

この祖父が逗子海岸に建てた別荘の所在地は、資料によると、明治時代のお雇い外国人でドイツ人医師のベルツ博士が購入した土地と隣り合わせだった。

博士は東京医学校（東大医学部の前身）の教師として招かれ、日本の医学界でさまざまな貢献をし、相当な人望を集めた人である。草津温泉を優れた高原の保養地として世界に知らせたり、神奈川県内でも、葉山を保養の適地として紹介した、として森戸海岸に顕彰碑が建っている。その葉山に博士は別荘を建てたが、逗子にも建てたのかどうかは分からない。

ベルツ博士に学び、その後、日本の医学界に寄与した人も多い。その一人で祖父の郷里の館山に転地療養を取り入れた病院を設立した川名博夫は、祖父の長女（私の伯母）とりと結婚した。また祖父の学友で、資生堂が初めて製造・販売した化粧品「オイデルミン」を処方した長井長義博士は東大医学部教授時代、ベルツ博士の薫陶を受けたようだ。

このように祖父とベルツ博士を結び付けるものはいくつもある。ただし、一緒に食事をしたなどの交流の事実を示す記録は、今のところ見つからない。

逗子とのかかわり

江戸に留学中の祖父は、寄宿していた寺の前の家で、朝から晩まで小まめに働く娘が目に留まった。寺の住職に中に立ってもらい、妻に迎えたのが祖母・徳である。私が生まれた時には祖父母はこの世にいなかったが、父や親類から二人のことをいろいろ聞かされた。

祖母にまつわるエピソードで一番面白いのは、強盗を追い返した話である。祖母が子どものころ、夜盗を働く浪士が家に押し入った。家人は皆、逃げ出したが、祖母は逃げ遅れて空の風呂おけの中に隠れ、中からふたを閉めて潜んでいた。しかし家捜しにあって浪士に見つかり、「この家《や》に誰も居ないのか」と詰問されると、祖母は動じず「私が居ります」と答えたので、夜盗はあきれて退散したという。

若いころの父・信義。文学青年で北原白秋や木下杢太郎の詩を愛した

どこまで本当か分からないが、気丈な女性であったのは確かなようだ。何しろ祖父は、結婚してすぐに海軍病院を辞めてしまう。薬局を始めた当初は経済的な苦労をさせられ、やがて祖父が保険事業などで忙しくなると、今度は薬局の仕事を任されて、それも立派に切り盛りしてのけたのである。

子どもは六男四女を生み、うち

男子二人は幼いころ亡くなった。私の父・信義はその末子として一八九七（明治三〇）年に生まれた。忙しい母親に代わって、育ててくれたのが母方の縁者で植木好きの「鈴木のおばさん」だったので、父もその影響を受けて花好きになり、虎ノ門の縁日で鉢植えを買ってもらうのが楽しみになったそうだ。

幼い時から体が弱く、芝の正則《せいそく》中学（現・正則高校、東京都港区）を卒業するころには胸を患い、家族と離れ、逗子の別荘で転地療養をすることになった。逗子に来ると、今度は別荘番のおじさんが園芸好きであった。二人で朝顔、小菊、ボタン、ハナショウブをはじめ、ありとあらゆる園芸植物を栽培したという。ダリアに至っては交配して新種を作った。そうした生活をするうち健康が回復し、東京に戻ることができた。

父にとって「第二の故郷」である逗子に、私も子どものころから、何回も連れてこられた。日本資本主義の父と言われる実業家・渋沢栄一の次男に嫁いだ伯母は夏、娘のために鎌倉や逗子に別荘を借りて、私たち一家も滞在させてくれた。仕事のある父も週末にはやってきて、一緒に海辺で遊んだものだ。

私は逗子に親しみを感じていたので、ここで暮らすことに迷いはなかったが、別荘があった時代を知る親類は皆、反対し、「塩害で一年もたてば着物も何もべたべたになってしまうよ」などと諭された。そういえば、かつて父からも、冬は西風がひどく、雨戸がガタガタと鳴って一晩中眠れなかった、と聞いたことがある。

ところが住んでみると、そんな激しい風はない。海辺近くに架かる富士見橋は冬、強風にさらされるので、這うようにして渡った、という話を聞いたが、今はまったく問題ない。以前は降ったという雪も、私はめったに見たことがない。父が、逗子は関東大震災を境に気候が変わった、と言ったことを思い出す。地震による地形変化が海流などを変え、気候にも影響したのかもしれない。

潮風で物が傷む不便もあまり感じない。ここに来てから自家用車を整備に出した際、「底板の傷み方が早いですね」と言われたぐらいである。

倒壊した強羅の別荘

かつては胸の病にかかると、命を失う確率が非常に高かったにもかかわらず、父は逗子での療養が功を奏して健康を取り戻した。私たちも、逗子に越してくるや、母はもちろん、飼っていた老犬やランの花も含め前より元気になり、父を治した風土の力を実感した。

父が治ったからこそ、私が存在するわけだが、もしかしたら私は生まれなかったかも、と思われることが病気以外にもあった。私の誕生の七年半前、一九二三（大正一二）年の関東大震災の時のことである。

その日、父は箱根の強羅にいた。伯父・信三が祖父のために建てた別荘に避暑に来ていて、祖父、信三ら家族数人とテーブルを囲んでいたところ、激しい揺れに襲われた。建物は倒壊したが、皆、テーブルの下にもぐり込んで、祖父が腕にけがをしたほかは無事だった。やがて別棟にいた別荘番が来て、棒でこんこんたたいて確かめ、皆を救い出してくれたという。天井が崩れた時、皆、祖父のつるつるの頭を守ろうと一斉にクッションを頭に押し付けた、という話は後になれば笑えるが、つぶれた家の中に閉じ込められたのだから、運が悪ければ、と考えて当然だろう。

別荘の建て主である信三は一九一四（大正三）年ごろから資生堂の経営にかかわり、一九二七（昭和二）年に株式会社化した資生堂の初代社長となった。米国のコロンビア大学で薬学を修め、パリにも一年ほど遊学したので、外国の友人も多く、また、海外の取引相手が来日することもある。強羅の別荘はそうした賓客のゲストハウスの役割も担っていた。

設計は米国の建築家フランク・ロイド・ライトに依頼した。今やル・コルビュジエらと並ぶ近代建築の巨匠の一人と記される人物である。大正初期、有楽町の帝国ホテルの設計のため来日したライトを、どういう経緯で知り合ったかは不明だが、信二が見込んだようだ。

強羅にあった福原家の別荘（上）。関東大震災で倒壊した直後（下）

帝国ホテルは何と大震災のその日が落成式であった。注目が集まった時に大した損傷がなかったので、ライトは耐震建築家として一躍、名をはせる。一方、もろくも崩れた強羅の別荘はライトの存命中、作品目録から外される運命をたどるが、震災の翌年、雑誌「建築の日本」に写真が載ったことから「幻の福原別荘」と呼ばれるようになった。

父は、ライトは優れた建築家で、建物の耐震性に問題はなかったと信じて疑わなかった。あの別荘は、早川渓谷にせり出した四畳半ほどの岩の上に、建物の一部が載るように建てられ、その岩が地震でずれたから倒れたのであって、ライトの設計のせいで壊れたのではない、と言うのだ。

わが家のアルバムに、父のすぐ上の兄・信辰《のぶたつ》が撮った倒壊直後の別荘の写真が残っており、後年、ライトの熱心な研究者である谷川正己先生に見せたところ、壊れ方を見ただけで、耐震構造がまったく施されていないのが分かる、と言われた。

父のライト信仰に疑問を抱いていた私は、すぐさま納得したのだった。

パーラー新装

関東大震災の時、銀座は地震後の火災で大きな被害を受けた。資生堂が開業して間もない一八七二（明治五）年ごろ、火災に強い街を目指して煉瓦造りの街として整備されたが、大

1919（大正8）年頃の資生堂の店舗。左に薬品・飲料部（「ソーダファウンテン」があった）、右の建物に化粧品部が入っていた

震災には耐えられなかった。資生堂が東京に所有していた店舗や工場など三つのビルも失われた。打撃は大きかったものの、危機を乗り越えようと社内が団結し、復興後はさらに飛躍することができた。

先にも書いたが、一九二七（昭和二）年、資生堂は株式会社化し、伯父・信三が初代社長に就任した。祖父は震災の翌年、七五歳で他界している。その長男・信一は農業に関心を抱き札幌農学校に進んだりしたが、資生堂薬局で祖母を助けて働いた時期もあった。しかし胸の病で一九二〇（大正九）年、四五歳で死去した。次男も幼い時に亡くなったので、信三が三男ながら、後継の位置に就いたのである。

実業家としての信三は、資生堂が発展する基礎を築いた、などと今も評価されているが、芸術史にも足跡を残している。印象派風の写真作品集を自費出版したり、「写真俳句論」という理論で写真芸術運動を起こした。資生堂のビルにギャラリーを開設して、若いアーティストに無料で発表の場を提供するなど、芸術家を育てる側にも回った。才能のあるデザイナーや画家らに広告などの仕事を任せたことも、支援の一つと言える。

震災後、バラックの店で再出発した銀座では一九二八(昭和三)年、銀座七丁目の資生堂化粧品部と通りを挟んで隣、八丁目の資生堂パーラーが新装開店を迎える。設計はそのころ、銀行などの建築コンペに次々と入選していた前田健二郎さんに依頼した。

資生堂パーラーの前身は一九〇二(明治三五)年から、薬局の一角でソーダ水やアイスクリームを出していた「ソーダファウンテン」である。米国でドラッグストアを見てきた祖父のアイデアによるもので、ささやかながら銀座らしさを象徴する場所だった。アール・デコ風の白亜の館へと大きく変貌したパーラーには私も思い出がある。一、二階吹き抜けで、二階席から見下ろすと不思議な空間であった。

信三は、このパーラーで「おいしい料理と美しい花」の両方を楽しんでもらおう、とパーラーの入り口に切り花を販売する花部を設け、その仕事を父に任せた。長く療養した父の健康への配慮でもあったが、伯父も父も理想が高く、採算を考えないで仕入れたりして行き詰まってしまう。床がぬれ、葉が落ちて、パーラーに来たお客さまが滑る、という問題もあり、花部は長く続かなかった。

前田さんには、私の生まれ育った品川の長者丸の家の設計も頼んだ。信三が父のために建ててくれたもので、外観は寝殿造り風だが、中には床の間と洋風のベッドルームが並び、ステンドグラスもある、という和洋折衷。言い換えれば新古典スタイル風である。しかも全室に当時珍しかった温水暖房と給湯施設が付いていた。

父母の結婚

長者丸にわが家が建ったのは一九二九（昭和四）年で、その時まだ独身だった父は、お手伝いさんと共に住み始めた。

翌年、世話する人があって母・池田愛子と結婚するのだが、母より先にランの花々が温室付きで越してきた。「帝国愛蘭会」の幹事をしていた柴田常吉さんが栽培していたものだった。

柴田さんが急逝され、その勤務先だった三越の人から父に「温室を中身ごと引き取ってもらえないか」と相談されたのだ。花部の仕事を通じてはぐくまれた縁である。

帝国愛蘭会は初代会長が大隈重信で、運営に華族や名士らがかかわる格調高い団体である。父はランを譲り受けると、帝国愛蘭会の入会も許された。それまでラン作りの経験はなかったが、たちまちのめり込んでいった。

はたちで三二歳の父に嫁いできた母は、それまで伯父（私の大伯父）の日本画家・池上《いけがみ》秀畝《しゅうほ》の家で行儀見習いをしていた。母の父（私の祖父）は長野の高遠の出身で、銀座の松屋呉服店で番頭を務めた人。実母（私の祖母）が早く亡くなり、継母が来たので、秀畝邸に引き取られたのだという。

しかしそこでの生活も、拭き掃除などに明け暮れる毎日で、楽ではなかったようだ。結婚してようやく、自分のうちにいる喜びや安心感を得たのだろう。ある時、部屋でひとり、手足を存分に伸ばしていたら、人に見られ、いい気な嫁だと非難されたことがあったというが、そういうことをしたのは一時的である。

母は若い時に苦労したせいか、思いやりがあり、もののよく分かる人だった。あまりに善人なので、時として人に誤解を与えてしまうことさえあった。父にもよく従った。父は穏や

結婚して間もないころの両親

かな人柄で、権力をかざすのを嫌い、お手伝いさんも差別せず、食事も自分たちと同じに、と言う。そういう人だから、母も信頼して付いていけたのだと思う。

結婚の翌年の一九三一（昭和六）年三月一四日に私が生まれた。生まれた場所は神田にあった水原産院である。もっとも進んだ産院として知られ、その院長は、俳人としても有名な水原秋桜子《みずはらしゅうおうし》である。文学青年だった父が、その名に惹かれて選んだのではないか、という気もするが、本当のことは確かめていない。

私は生まれた時に一六〇〇グラムほどしかなく、この子は育つかどうか、と言われたそうだ。その話を子どものころ、何度も聞かされた。福原家では久しぶりに生まれた赤ん坊で、しかも男の子。父の兄弟姉妹のうち、女性は元気だったが、男性は病弱だったり早世していたりしたので、親戚中の期待を担うことになった。その子を預かる親としては、気苦労が多かったのかもしれない。

花部がなくなった後、父は会計課の主任に就いた。社員全員の給与や賞与を、そろばんで計算する仕事である。年末には仕事を家に持ち帰らないと片付かない。私が幼いころ、遅くまで根を詰めていて、火鉢で一酸化炭素中毒を起こし倒れたことがある。私が寝ている間のことで、翌朝、その騒動があったことを知らされた。

第二章　豊かな教育環境

芸術家らに囲まれて

わが家から数分の所に伯父・信三の家があった。洞窟に響くような声で話し、笑い顔を見せない信三を、幼いころの私は怖いと感じていた。伯父は自分に子どもがいないので、幼い子の扱い方が分からなかったせいか、小学生の私に「人間には性欲というものがある。芸術はそれが昇華したものなのだ」などと聞かせたりしたことを今でも覚えている。

信三の家には、欧米滞在中に知り合った芸術家や学者ら、さまざまな友人が出入りして、芸術や哲学などを論じ合うサロンが生まれた。信三のすべてを包み込むような人間的な大きさが人々を引き付けたのだろう。しかし個性が強く、けんかもよくした。信三から「もう来るな」と言われ「絶対行くもんか」と決心した友人は、今度は私の父の家にやって来て温厚な父は誰も拒まず受け入れたので、私たちの家にもサロンのようなものができた。

父のすぐ上の兄・信辰の友もやって来た。この伯父は路草《ろそう》の俳号を持ち、いつも和服を着ていて、麻布笄町《こうがいちょう》（現・東京都港区西麻布）という名の町で、粋な格子戸の家に住み、妻は長唄の師匠、という徹底した江戸趣味の持ち主であった。それでいて慶應大学でフランス文学を学び、信三と一緒にパリに滞在したこともある。フランスをよく知った上であえて江戸

私が生まれ育った品川・長者丸の家の居間。和洋折衷で天上が高く、独特の雰囲気があり、サロンとなってさまざまな人が出入りした

的なものを愛する、いわば「超フランス的」であった。

信辰は信三と同様、写真を芸術ととらえて写真作品を制作した。芸術的な感性が鋭く、人間的にはガラスのように傷つきやすい人であった。時々、皮肉や人がどきっとするようなことを言ったが、それは繊細さの裏返しといえよう。作家の久保田万太郎と大学時代に付き合いがあり、パリ滞在中に知り合った獅子文六とも親しかった。しかし信三の場合と同じく、信辰と仲たがいをして、父が引き継いだ友達もいた。

伯父たちの友人と父のもともとの友人が交じったわが家のサロンには、パリで磨かれた芸術家とかフランス文学に精通した研究者もいれば、麦わら細工職人や国鉄職員もいた。多種多彩な人々が、父の独身時代からわが家に気ままに出入りした。例えば、静岡県の修善寺に住み、麦わら細工を芸術的領域に高めようとした山本亀久二さんは、上京すると「奥さん、しばらくごやっかいになります」と断るだけで四〜五日間滞在し、美術館に行ったり、画家の川端龍子《かわばたりゅうし》に下絵の指導を受けに行ったりした。私には版画用のバレンを、竹の皮を巧みに細工して作ってくれた。

何人か集まると、わが家の居間が談笑の場となった。芸術論や文学論などを、酒もさほど飲まずに議論が延々と続く。父は、隣の寝室でそれを半分寝ながら聞いたりしていた。ベースの異なる人々が一つになって、熱心に語り合っていたことは、今思えば驚きに値する。

私は幼稚園に入る前から、その場にちょこんと座り、眠くなるまで聞いていた。もちろん話の輪には加われないが、繰り返し聞くうち、抽象的な概念やものの見方などが頭にしみ込んでいったようだ。知的成長の場という意味でぜいたくな環境であったと思う。

記憶の中の銀座

一人っ子で近所に年の近い友達のいなかった代わりに、わが家に出入りする父の友人をはじめ、幼い私をかわいがってくれる大人は多かった。

歩いて一五分ほどの所に貨物線の踏切があり、そこを通過する蒸気機関車を見るのが私は好きで、この踏切によく連れていってくれたのはお手伝いさんや御用聞きであった。

母に連れられて、時々、東京・銀座に出掛けたのも懐かしい思い出である。土曜日の午後、仕事帰りの父と落ち合い、資生堂パーラーで夕食を共にすることもあった。私はお子さまランチに付いているチキンライスが好きだった。当時は恐らく、バターでいためた米にトマトピューレや具を入れて炊き上げていたと思う。白いご飯にケチャップなどで味付けしたものとは格段に味が違い、おいしかった。

洗濯物入れに入っておどける幼いころのスナップ。撮影は父・信義

伯父の信辰（路草）が私たち一家をごちそうしてくれることもあった。その場合は八洲亭という「日本風西洋料理屋」といった趣の店である。気取らない雰囲気は信辰の好みであった。食事後は銀座通りに並ぶ夜店を冷やかして歩いたものだ。当時の銀座にはしだれ柳が整備され、裸電球をぶら下げた露店が並んでおり、子どもだましのおもちゃなど、たわいないものでも眺めるだけで楽しかった。

銀座の街路樹は、明治初め、煉瓦街として整備された当初は松、桜、カエデだったが、銀座の水分の多い土質や海に近い環境に合わないからと、柳に代わった。ところが一九二一（大正一〇）年、東海道拡張工事などを理由に、柳はすべて抜かれて銀杏並木に替えられてしまう。この時、伯父の信三は銀座の景観として親しまれていた柳を守る運動の先頭に立ったが叶わず、その後、震災復興の時に地元の人たちが中心になって柳を復活させたのである。

銀座へは、小学校に上がってから平日の午後、母の買い物のお供で行った思い出もある。行きつけの呉服店で、母と番頭さんが話すのを聞いているのが面白かった。着物の流行や、この色や柄はどういう人に似合うとか、商品について豊富な情報を持ち、それを商売に結び付けようとたくみに説明する番頭さんの話は、細かいことが分からなくても勉強になった。

上野の近く、谷中清水町にあった母の伯父・池上秀畝の家にも時々出向いた。母が結婚前にいた家で、いわば里帰りである。

池上秀畝は花鳥画を得意とする日本画家として知られ、横浜美術館にも野雉《やち》と大鷹を一対の軸に描いた作品などが所蔵されている。秀畝は草花を克明に描くため写生にこだわり、大船のシャクヤク園（フラワーセンター大船植物園の前身の農業試験場であろう）にシャクヤクの写生に通ったこともある。自分の画室を「伝神洞」と名付け、「伝神洞画塾」を開いて後進の指導にも力を注いだ。

私の記憶には、白いあごひげを長々と生やした秀畝が、朝日や満月のほぼ正円を一気に描いたり、正月には訪問客を楽しませるため、門人と宝珠の玉を次々に描いた、神業のような筆さばきが印象強く残っている。

横浜に通った思い出

父は家にいると、ランの栽培に熱中した。幼いころ私も温室に入り手伝おうとすると、すぐ「うるさい、じゃまだ」と追い払われてしまった。

当時、父はランのことで月に一度ほど、横浜の、山手の丘の南端に今もある横浜植木株式会社に出掛けた。母と私を連れた、家族のお楽しみでもあった。目黒駅から電車に乗り桜木町駅へ、そこから市電で終点の山元町まで行って、坂を上る。横浜植木には洋館風の社屋があったが、そこには寄らず、熱帯樹の茂る大きな温室に向かう。

温室の詰め所には水田岩次郎さんがいた。日本人としては早い時期に、英国でランの栽培を学び、帰国後もランの買い付けで海外に通っていた人で、いつもニッカボッカを履きツイードなどの上着を着て、口笛を吹いている、というふうだった。海外文化をじかに取り込んでいる横浜のイメージそのもののような人である。父は水田さんにランについてあれこれ教わり、おかげで私も詳しくなった。

ここでランを見たり買ったりして、用が済むと、山手の丘をゆっくりと下り、元町の商店街に出た。店の名で覚えているのは山之井洋品店である。店内は輸入ものの婦人服が中心であったが、銘仙の着物で通していた母には用がない。子ども服もあって、母は店員と相談しながら私の服を選んだ。その店で扱うような、目立つ服に興味のない私には、小尾兄弟商会というしゃれたガラス器の店に寄る方が楽しみだった。輸出向けの商品だと思うが、ショーウインドーにガラス製の象や犬などさまざまな動物が並んでいて、いつまで見ていても飽き

1931（昭和６）年頃の中華街大通り。記憶に残る戦前の中華街は、脇に入った細い通りで、もっと多くの人でにぎわう感じだった（横浜開港資料館所蔵）

なかった。

それから中華街へ出た。どこかあやしげで不思議な雰囲気が漂う街であった。元町も個性的な風情があったが、中華街はそれとはまた違っていた。中華街ではまず、脇の細い通り沿いの、中華風焼き鳥を売る店に寄る。店名は「鴻昌」といったが、料理を出すところはなく、店の前にアヒルの丸焼きをつるして並べていた。父はこの店の焼き鳥が好物で、行けば必ず買っていたものだ。その後、店名は忘れたが、大通りに面した、行き付けの中華料理店に入るのが、私たちの定番コースであった。

戦前の横浜では、今の三ツ沢下町の丘一帯に広がっていた「横浜ガーデン」にも何度か来たこともある。証券業で財を成した大澤幸次郎さんの私邸と広大な庭園があり、温室や小動物園などのあった庭園は一般にも公開されていたことから、この名が付いたらしい。

幸次郎さんの息子の大澤幸雄さんは敷地内の農場で草花を栽培し、東京青山の高級園芸市場に卸していた。父は資生堂花部時代、高級園芸市場に出入りした関係で大澤さんと親しくなった。この庭園ができてから「ガーデン山」と呼ばれるようになった丘の中腹に、石積みの柱と鉄柵の扉を組み合わせた邸宅の門があり、その中に住む大澤さんは、門の印象と同様、ヨーロッパの紳士を思わせる洗練されたセンスの、すてきな人であった。

慶應幼稚舎へ

わが家から四、五分のところに恵比寿長者丸という東京市電（現・都電）の終点があり、父・信義はそこから市電に乗って銀座の資生堂まで通っていた。途中、二カ所で乗り換えるのだが、その一つである天現寺橋の停留所近くに、ある時、急に白亜の建物が出現した。三田の慶應義塾構内にあった慶應義塾幼稚舎（小学校）が、ここに校舎を新築して移ることになったの

谷口吉郎氏の設計による慶應幼稚舎校舎（現在の幼稚舎本館）

である。

　この校舎は、後に日本のモダニズム建築で名をはせた大谷口吉郎さんが、建築家となって初めて手掛けた大仕事であった。どの教室も大きなガラス戸を開けるとそのままテラスに出られる、という開放的なデザインをはじめ、児童の健康や安全、気持ちよさなどへの配慮が優先されている。小学校校舎として画期的な建築で、そのまま慶應のリベラルな学風を象徴していた。

　父はこの学校に私を入れたいと考え、慶應大学の文学部を卒業した伯父・信辰に相談して、その意を強くしたらしい。新築校舎の開校は私の小学校入学の一九三七（昭和一二）年とちょうど同じだったが、その前に入学試験に通らなければならない。小学校入学を翌年に控えながら、幼稚園に行っていなかった私は、急きょ、近くのカトリック系の明星幼稚園に入ることになった。

幼稚園と言ってもモダンな一軒家で、広い居間や芝生の庭を子どもの遊び場に使っていた。園児は十数人ぐらいで、その面倒を見たのは園長の吉田喜久子先生と妹の八重子先生である。園長のご主人も園児から「おじちゃん」と呼ばれ、なつかれていた。私は半年程度しか通わなかったが、園長の熱心な指導や、どこかハイカラで、服装でも何でもこだわらない「おじちゃん」とのふれ合いで得たものは大きかったと思う。

きっちりしたカリキュラムはなかったものの、絵本の読み聞かせ、積み木やパズルなどいろいろなことをした。特に印象深いのはコラージュ作りである。室内に外国の古雑誌が積まれていて、子どもたちはそれをめくり、広告や写真、イラストなどを自由に切り取り、紙に張り合わせて一枚の作品に仕上げるのである。気に入ったものを切り抜いて好きなように並べたり、時には一筆加えることで新しいものが生まれる。それは面白い体験であり、知育という意味でも私にとって非常に有益であった。

幼稚園とは別に受験のための塾にも通い、試験に出るパズルなどに慣れさせられた。父と親しい「横浜ガーデン」の大澤幸雄さんに、私より数歳上の息子さんがいて幼稚舎に通っており、それで大澤さんからも、合格するにはどういう勉強をしたらよいか、などのアドバイスを頂いた。

おかげで幼稚舎に入ることができた。新築で定員が増えたようだが、それでも二、三倍の倍率はあったと思う。父はたいそう喜び、合格発表の掲示板の写真を家族のアルバムに張って残した。私はこの学校に入ったことで、自分の生き方を決定付ける、大切な体験をすることになる。

恩師・吉田小五郎先生

慶應義塾幼稚舎は一年から六年まで組替えをせず、担任も六年間、同じ先生が受け持つのが今も変わらない特色である。そのおかげで私は、担任の吉田小五郎先生から計り知れない影響を受けることになった。

吉田先生は入学当時、三〇代半ばである。私たち約四〇人のクラス全員に対し公平に接し、一人ひとりの人格を認める、という姿勢で子どもたちを大切にされる。しかし、うそと陰口には厳しかった。一度、私が他のクラス（一学年三クラス）のうわさをすると、恐ろしい顔をされ「よそのことはよそのことで構わないじゃないですか」と諭された。

担任はすべての授業を指導するのでなく、慶應義塾大学文学部で史学を専攻された吉田先生は歴史、地理などを受け持たれた。修身も担当されて、教科書はあっても最初の一回だけ授業らしいことをされたが、「修身の授業は必要ない」と、その時間は敬愛する児童文学者、巌谷《いわや》小波《さざなみ》の童話集を読み聞かせ、私たちを楽しませてくださった。

授業の合間の話には、戦国時代に来日した宣教師フランシスコ・ザビエル、安土桃山時代、ローマを訪れた天正遣欧少年使節や江戸時代初めに渡欧した支倉常長《はせくらつねなが》がしばしば登場した。それもそのはず、先生はキリシタン史の研究者で、日本にヨーロッパ文化をもたらした人物に通じていたのである。鎖国時代に中国やオランダの学問を吸収した平賀源内の話もよくされたことを覚えている。

学生時代からその分野の研究に打ち込まれた先生は、本来、大学の研究職に就くのが順当だったと思われる。しかも、大学を出て小学校教員に就く例がまれだった時代にもかかわらず、幼稚舎で教える道を選ばれた。地位や名声を求めないのが先生の生き方であった。

教育者となっても研究を続けられ、その両立も果たされた。私の担任となった翌年には、フランス語の原著から先生が訳されたレオン・パジェス著『日本切支丹宗門史』三巻が岩波文庫から刊行された。フランス語は確か独学だったはずだ。また、子ども向けの歴史物語を雑誌に連載し、後に『東西ものがたり』という本にまとめられた。日本で早くからザビエル研究に本格的に取り組まれたことでも知られ、ザビエルに関する著作は、司馬遼太郎さんら文学者を含め、幅広い注目を集めた。

このような研究者ならではの話もされた。例えば、大名から見た宣教師の記録と、宣教師が大名について記したものでは見方がまったく異なり、真実はその両側にあって、中間にあるのではない、ということを分かりやすく語られた。そうした話を日常的に聞くうち、私は物事を両方から見る習慣を身に付け、「東西文化の交流」という、後に大いに有用となる視点を養うことができたように思う。

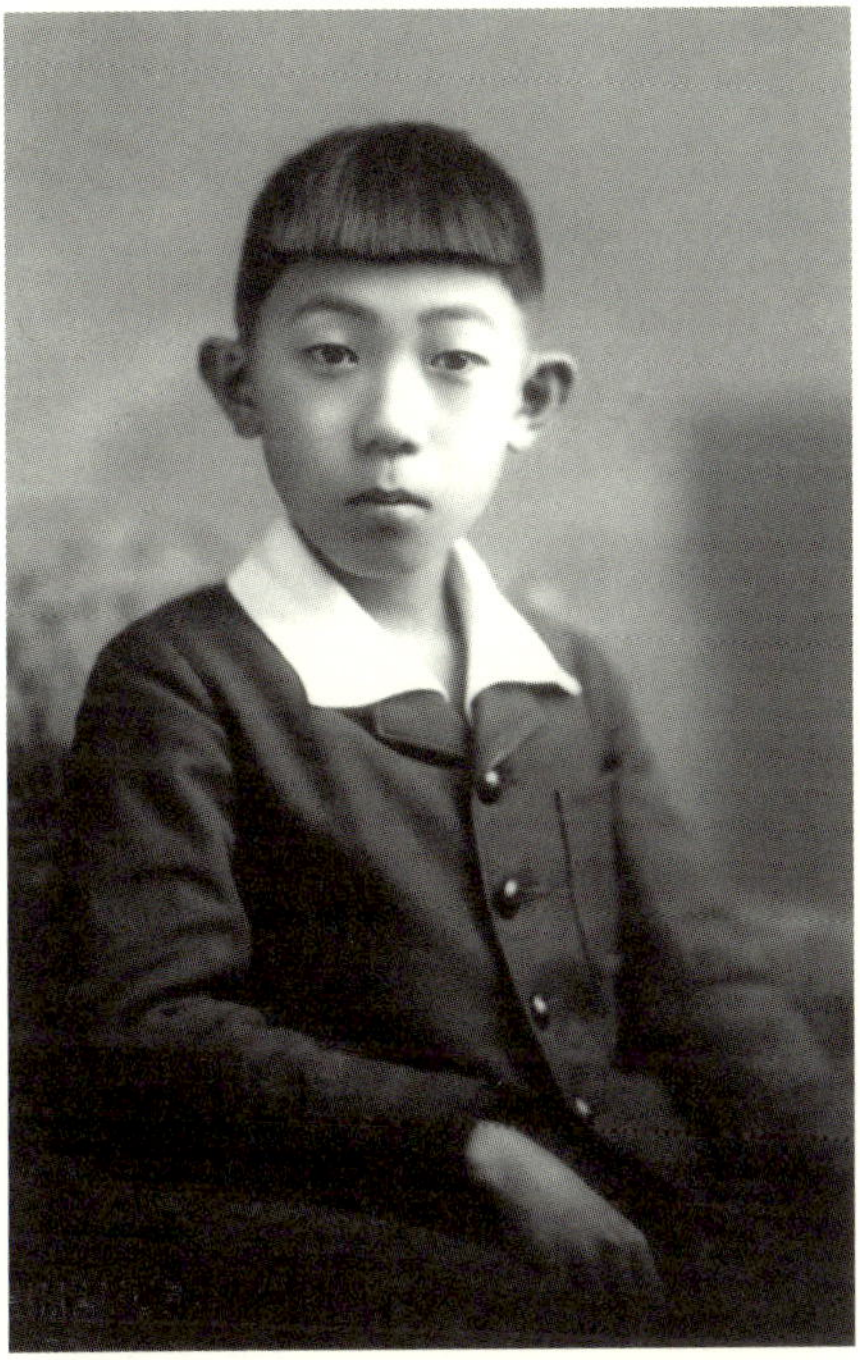

慶應幼稚舎の制服を着て。卒業時の 1943（昭和 18）年３月

「オリジナル（原典）に還れ」という言葉も繰り返された。引用した資料に頼るのは間違いの

もとであり、面倒でも原典に当たるべき、という意味で、先生の師で幸田露伴の弟、成友《しげとも》先生から受け継いだ教えである。小学生には理解しにくいことだったが、私の中では今もその教えが生きている。

吉田先生と父

吉田先生は教育と研究に加え、趣味にも情熱を注がれた。クラスの子どもたちに「遊びにいらっしゃい」と言われたので、上野毛（東京都世田谷区）のお宅を何度か訪ねたことがある。中国・朝鮮の古陶器、江戸期のガラス絵、丹緑本《たんろくぼん》という珍しい草紙本、明治期の石版画などのコレクションを大切にされ、お庭では野草を栽培し、犬と金魚を飼われていた。

そうした趣味の面で、私の父に近いところがあった。私が作文に父のラン栽培について書いたことから、先生は父に興味をもたれるようになる。私が幼稚舎に在学している間は、父と二人だけで交流することはほとんどなかったが、卒業するやいなや、頻繁に手紙の交換を始められた。お会いして食事をすることもあり、私も同席すると、園芸から陶磁器、絵画、文学などに及ぶ話が、鋭い批評眼を持つ二人の間で尽きなかった。

太平洋戦争中、幼稚舎が集団疎開した際、先生はその責任者を務め、戦後は舎長（校長）となられた。人の上に立つのを嫌われたが、戦争直後で人材に乏しく、何より、子どものためを思って引き受けられたのだろう。ふだんは舎長の部屋ではなく、資料室にいて幼稚舎史の編さんに力を注ぎ、そしてまた教員に戻られた。退職された後、一九七三（昭和四八）年、故郷の新潟県の柏崎に戻り、一〇年後、八一歳で亡くなられた。

その後、先生が故郷の新聞に載せた随筆の一編を見て驚いた。それを読む前に私がある新聞に寄せた一文に「ドクダミの花」と題し、人があまり目をかけないこの花の魅力などに触れたものがあった。先生の随筆は「ドクダミを植える」という題で、柏崎のお宅の庭にさまざまな山野草を植えている話から、最近植えたドクダミのことに及んだ。その美しさの表現や、この花をよく見るようにと勧めるところなど、私の文と似ている。先生の小型の複製になってはいけないと自戒してきたものの、こういう一致はうれしくもある。

幼稚舎では吉田先生以外にも、社会的な評価を受けるような、優れた人材が指導に当たっていた。私たちの図画は洋画家の清宮彬《せいみやひとし》先生が指導された。大正期に岸田劉生らとフュウザン会という芸術運動を組織し、先鋭的な未来派にかかわるなど、当時の洋画界から注目される存在で、授業ではクレヨンや水彩で写生をしたり、美術学校の基礎教育のように、自分の手や石膏の頭像をデッサンすることもあった。

図画にはもう一人、椿貞雄先生がいた。岸田劉生に影響を受けた人物画などが特色で、大正期の中ごろ、岸田が藤沢の鵠沼（神奈川県）に引っ越すと、同じ鵠沼に住んで交友を深めたという。私たちは六年生になったら、椿先生から油彩を教わることになっていた。背が高く、クルクルとカールしたような髪に浅黒く脂ぎった顔、鋭い目の椿先生を見て「ああいう先生に絵を習うのもいいな」と楽しみにしていたら、その前に幼稚舎の教師をやめられてしまった。

写真への興味

わが家には暗室があった。伯父の信三と信辰（路草）の影響で父・信義も写真制作に取り組んでいたからである。私は今、自分で育てたランの写真を撮っているが、父にもランなどの花を撮った作品が目立つ。父は写真を発表する時には、銀座の通りの名から採った「並木透」

という雅号を使っていた。

信三は、光と影のハーモニーを重要視する「光と其諧調」という理論を掲げ、昭和初期の写真界をにぎわした。その理論をもとに写真論や作品批評なども多く書いている。一方、俳人でもあった路草は信三の影響を受けつつ、例えば、トタンの塀を幾何学模様風に切り取るなど、鋭い感性が構図から伝わってくるような、モダンな作品を残した。

伯父たちの運動は戦後、ドキュメンタリーとしての写真が世界的な主流となる中、「ブルジョワ的」「情緒的でサロン趣味」などと批判され、目も向けられなくなった。しかし二〇年ぐらい前から写真を芸術と考える運動がヨーロッパから広がると、伯父たちの作品も再評価されるようになった。

私は伯父たちや父の作品を見ていながら、写真に特にあこがれることはなかったが、ただ、やってみたら面白いのではないか、ぐらいの思いは抱いていた。それで確か慶應幼稚舎の六年の時だったか、修学旅行で

伯父・福原信三が 1913（大正２）年、パリ遊学中に制作した写真作品「博労」

日光に行った時、初めて自分で写真を撮ったのである。同級生の中にも何人か、カメラを持ってきた子がいた。

私が使ったカメラはコダックの「ベス単」と呼ばれたもので、小さめの弁当箱のような、ただの四角い箱にレンズが埋め込まれていた。どんな絵が撮れるのか確認するための、のぞき穴もなかった。これは母方の叔父が貸してくれたものである。この叔父は母の一番目の弟（母には兄が一人、弟が二人いた）で、趣味で写真を撮り、写真について尋ねたりするため、わが家によく来ていた。家にあるカメラは高級機や大型機ばかりなので、小学生の私はこの叔父にベス単を借りたのだ。

撮った写真を信三に見せると「いいじゃないか」と言われ、うれしかった。実際は、私の将来を見込めるほどの出来ではなかったと思う。それでも、中禅寺湖や戦場ヶ原という撮影場所を含め、部分的に鮮明な記憶が残っているのは、この体験が私にとって、写真への意欲に芽生えた画期的な出来事だったからだろう。

旅行といえば、幼稚舎のころ、夏休みや春休みに両親と三人で泊まりがけで京都や伊勢、四国の高松や小豆島、松江にも行った。私は汽車で旅をすると、トンネルに入った時、蒸気機関車から出る煤煙が窓を閉めても入ってきて、のどに障るのが嫌だったが、それでも変わったところに行くのは楽しみだった。

その旅行で船を利用したことがある。船はたしか鎌倉丸だったと思う。太平洋航路から帰国し横浜港に入った後、神戸港へ回る船に、横浜と神戸の間だけ乗ったのである。夕方、横浜港から乗り、食事をしてベッドに入ると、目が覚めたころ、沖に神戸港が見えた。泊まった船室はとにかく、食堂やメニューなどはとても豪華であった。

第三章　戦争の暗雲

今に生きる長唄体験

父や伯父たちの友人が集うわが家のサロンでは、話が尽きるとレコードを聴いていた。ストラヴィンスキーの「火の鳥」、ラヴェルの「ラ・ヴァルス」などの当時の現代音楽に、私も幼いころからなじんだものだ。フランス国歌「ラ・マルセイエーズ」や第一次大戦中、英国兵士の間で流行した、一種の反戦歌「ティペラリーへの道は遠い（ティペラリー・ソング）」もよく聴いた曲である。

しかし間もなく、好きな音楽を自由に聴くことが難しい時代に入った。一九三六（昭和一一）年、私が五歳になるひと月前、二・二六事件が起きる。不気味なほど大雪が降った翌日で、警戒のために、と父の会社の人が来た。父は青ざめ、家の中に気持ちの悪い雰囲気が漂った。まったく物音が聞こえず、その日、何が起きたのかはよく分からなかったが、異様な情景は私の記憶に焼き付いた。

この年、私は長唄を習い始めた。芸事は数え年の六歳の六月六日に始めると上達が早いと言われ、私もそれにならったのである。もとは父が吉住流の家元のけいこ場に通っていたが、私が入門してからは、若い女性のお師匠さんがわが家に通ってきて、私が唄を、母は三味線を習うようになった。

父は歌舞伎や落語も好きで、私も寄席などに連れていってくれた。江戸の文化に詳しい父は、劇場の放送などで「よくお越しくださいました」と言うと、私に「あれは関西の言葉だよ。江戸では『おいでくださいまして』と言うのだ」と教えてくれた。

父と違い、私はいやいや長唄のけいこをしていると、そのうち、おさらい会に出させられた。幼い子どもだからと周囲は気を遣い、おだててくれる。それで私のやる気が引き出された。ところが数年たち、三〇番ほど覚えたころ、太平洋戦争が始まる。灯火管制が敷かれ、夜、三味線の音が漏れるのは好ましくない、といったことでお師匠さんは通ってこなくなった。

長唄はそれきりだったが、これ

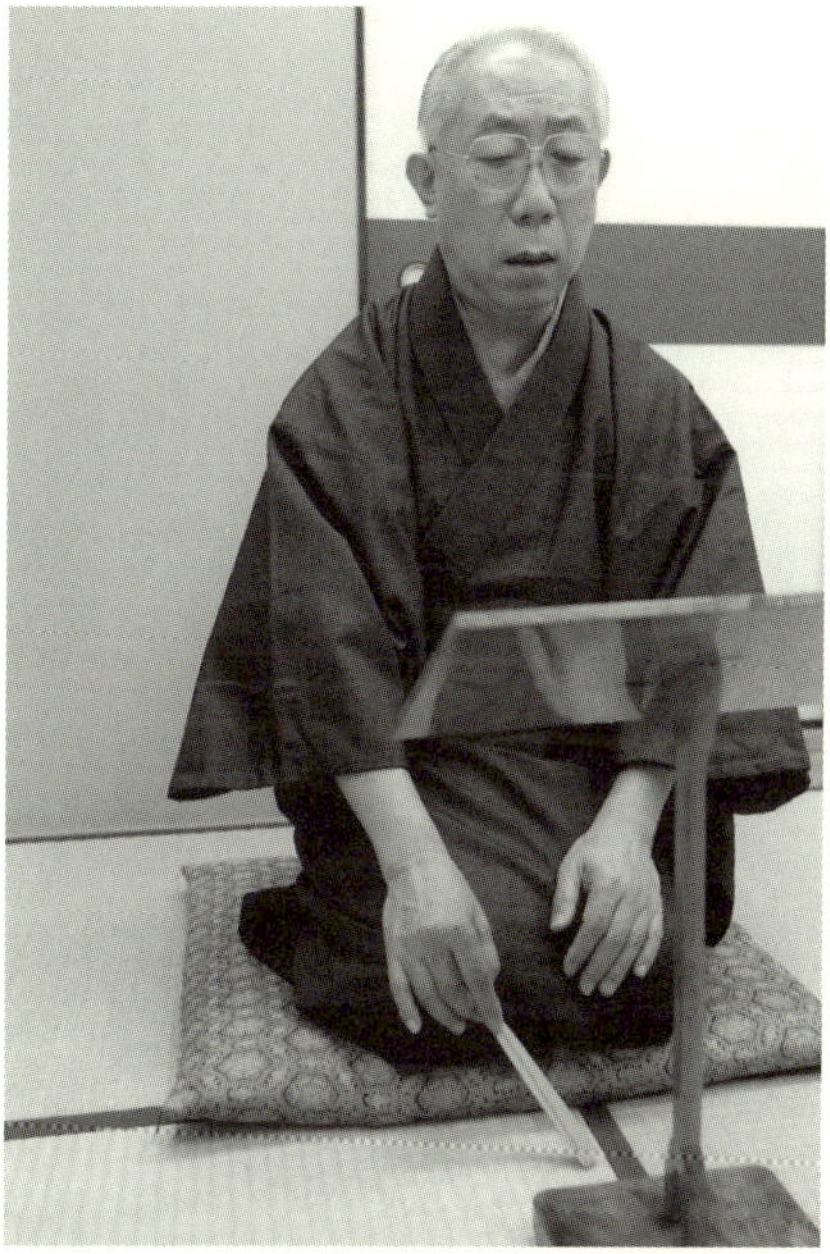

小唄のけいこ中。発表会などには、女優の岸恵子さんから資生堂の社長就任のお祝いに贈られた着物で臨む

で鍛えられた声は、いまだに役に立っている。声がよく通ることで好感をもたれたり、マイクが故障した時などでも対応できる。話を聴いてもらうために大切な間の取り方も、長唄を通して身に付けた。

五〇歳を過ぎたころ、会社の上司に小唄を習わないか、と勧められた。勤め先近くの銀座三越百貨店に師匠が来て指導しているという。仕事が忙しく、けいこの暇はないと答えると「昼休みに行けばいい」と説得され、仕方なく通うと、私には長唄という下地があったので、お師匠さんに見込まれ、抜けられなくなった。それどころか、政財界人が参加し伝統ある小唄の会「酣春会《かんしゅんかい》」や銀座の旦那衆の「銀座くらま会」をはじめいろいろな会とかかわりができ、今でも、年に何回か発表会などで持ち歌を披露している。

小唄が長く続いている理由の一つは、私の健康法にもなっているからだ。多忙な時期には一週間に一度、わずかな時間でも深呼吸をして歌うとリフレッシュでき、内臓の調子が整えられた。両親が長唄を続けたのも、ひとつは健康のためだったと思われる。

進む物資の統制

　太平洋戦争の最中の一九四三（昭和一八）年、慶應義塾幼稚舎から三田の普通部（旧制中学校）に進んだ。福澤諭吉先生の「独立自尊」を教育理念に掲げる慶應義塾は、軍国主義一辺倒の世の中に同調しなかった。普通部の軍事教練では、そういう軟弱な校風を問題視する配属将校や現役士官が、特に厳しく訓練しようと意気込んだようだ。小柄でスポーツの苦手な私は、怒られてばかりいた。

　教練実習で二度ほど、三田から、慶應義塾予科大学校舎のある日吉まで歩かされた。ゲートルを巻き、重い木銃をかついでの「行軍訓練」である。よく覚えていないが、市電通りなどの広い道路を通る、山越えのルートだった。片道だけで半日掛かり、帰りは日吉駅から東横線に乗った。当時の日吉周辺はまだ田舎、という印象であった。一九四四（昭和一九）年春以降、日吉キャンパス内に地下壕が掘られ、海軍の連合艦隊司令部などが移ってくるのだが、私たちが訓練で行ったころは、その兆しさえ感じなかった。

　一年生の夏休み前ごろ、生徒に人気のあった英語の伊藤先生が突然、教室に来られ、そして「僕は召集され、君たちとお別れしなければならない。さようなら」と早口であいさつをして去られた。二、三カ月後、その先生が中国戦線で亡くなったと聞いたのが、身近な人の戦死を知る初めての経験だった。

わが家には石炭を燃料とするセントラルヒーティングが備わっていた。ところが戦況が悪化するにつれ、物資の統制が進み、米などと同様、家庭で使う石炭も配給制になり、これで画期的だったセントラルヒーティングは無用の長物になってしまった。

父が育てるランにも石炭が必要だった。温室用の暖房のためである。父は、温室で栽培したカトレヤなどを高級園芸市場に出荷していて、大した売り上げではないが、暖房の燃料代ぐらいにはなると話していた。

戦争で石炭が入手しにくくなると、温室では練炭を燃やしたが、十分ではない。多くのランを抱えて父が困っていると、世話をしてくれる人があり、大日本蘭業組合（当時）の株を買い、組合員になることで石炭の配給が受けられた。しかしそれも亜炭という質の低いもので、間もなく配給自体も止まってしまう。

父は温室の温度を保つため、窓に炭俵を編んで掛け、天井によしずと古い毛布を重ねて載せた。古新聞を温室内で燃やすと温度が一度上がると言い、早朝に起きて燃やしていたが、古新聞も手に入らなくなる。それで大事な花だけを静岡県沼津の浜島農園に預けた。

父・信義（写真名「並木透」）が1933（昭和8）年に発表した写真作品「カトレヤ　エニド」

私たち家族三人も一九四四（昭和一九）年の秋、東京を離れた。長野県で軍需工場を経営していた親類の勧めで長野県北西部の豊科町（現・安曇野市）に近い村へ越したのである。私はそのころ小児ぜんそくにかかり、突然起こる発作に苦しんでいた。医師から転地をすればよくなるだろうと言われ、実際、長野に移ると治ったが、今度は疎開先での困難な生活に耐えなければならなかった。

疎開生活と読書

疎開で何よりつらかったのは寒さである。初め、温《ゆたか》村字楡《にれ》（現・安曇野市）の農家の大きな部屋を一間借り、その半分に、東京から運んだ家財道具などを、荷ほどきしないまま置いた。残り半分の一室が親子三人の生活の場となった。暖房はこたつと火鉢一つ程度で、広くて温まりにくい上、すきま風が入ってくる。東京をたつ時、手荷物にバラの豆盆栽を一鉢持っていったが、室内にひと冬置いたら、土も花も凍ってしまった。

食べる物にも不自由した。母は着物を米に換えたが、おかずはたいてい、煮豆か野沢菜の漬物。冬の井戸端で洗い物をしていた母の手は、たちまちあかぎれだらけになった。時々ため息をつく様子に、それまでとまったく違う生活を強いられた母の苦悩が、子ども心にもうかがえたものだ。

父は松本市内の役所で嘱託か何かの職を得て通っていた。私は一日中、家にいた。小児ぜんそくを理由に慶應普通部を休学し、疎開先の学校には転入しなかったのである。私は、休学で一年遅れることに納得できなかったが、父は、東京からの転校生はいじめられる、などと私を説得した。伯父・信三も「留年すれば友達が倍になり、後から見れば得になる」と言った。事実、二つの学年にまたがって友達ができ、その通りになるのだが。

疎開先で行く所もなく、友達もいない私がたどり着いたのは、読書の生活である。父の蔵書の大部分が、東京から運んだ荷物の中にあり、それを片っ端から読んだ。ほとんどが振り仮名のない本で、中学二年の私には取っつきにくかったが、ほかにすることがない。

まずは『銭形平次捕物控』などの捕物帖やシャーロック・ホームズもの、アレクサンドル・デュマの『三銃士』など、以前に読んだり、分かりやすそうな本から手を着けた。『鞍馬天狗』などの大佛次郎の小説も愛読した。中里介山の『大菩薩峠』は長くて読みでがあり、繰り返し読んでも飽きない。日露戦争中、ロシア軍を探るためシベリアを往復する斥候隊の話を、冒険物語風に仕立てた山中峯太郎の『敵中横断三百里』も好きだった。

時間はたっぷりあって、蔵書には限りがあった。タイトルを見ただけでは何が書いてあるのか分からないような本も、避けてはいられなかった。そういう本でも、読んでみると意外に面白かったりする。最初は分からなくても、何度も読むうちに、不思議と内容がつかめるようになった。

私の読書体験を振り返ると、出発は幼児向け雑誌「キンダーブック」を母が読み聞かせてくれたことだろう。慶應幼稚舎では、担任の吉田先生が巌谷小波の童話集を読んでくださった。そういうことが刺激となり、自分から本を読んでみようと思い、父の蔵書の中から『ガリヴァー旅行記』など子どもでも楽しめる本を読むようになった。

それでも、疎開先での本漬けの日々がなければ、今のように読書を日課の一部にするほど、本が好きにはならなかっただろうと思う。

糧になった読み聞かせ

一九四五（昭和二〇）年の春、私たち一家は疎開していた長野県の温村字楡の農家の離れから、豊科町の町中に近い一軒家に移った。伯父の信三と信辰も近くに越してきた。信三は一九四〇（昭和一五）年に資生堂社長から会長となったが、一九四四（昭和一九）年に会長を退いている。

会社は当時、材料が配給されないので化粧品は製造できず、包帯、マーキュロクロム液、胃腸薬、靴墨、インクなど、材料の配給があるものを製造し、何とか持ちこたえていた。

信三は視力をほとんど失っていた。緑内障だったと言われている。その信三に本を読み聞かせる役が、私に充てられた。信三の私設秘書の安成三郎さんが購入した本や父の蔵書を、安成さんと交代で読む仕事である。振り仮名のない本を読むのは少し荷が重いが、信三に頼りにされたと思うと、やる気が涌いた。

声を出して読むと、文章が深く理解できるので勉強になった。いろいろ読んだが、中でも探検家スヴェン・ヘディンの『彷徨《さまよ》える湖』は印象深く、この作品で、ノンフィクションの魅力を知ったように思う。

目を病んでいた信三はいつも目を閉じているので、寝ているのか起きているのかはっきりしない。うとうとして眠っていると思い、読むのをやめると「それで?」と催促された。

安成さんは哲学者の西田幾多郎《にしだきたろう》に師事し、同じ西田門下でパスカルや親鸞の研究でも知られる哲学者・三木清の秘書を務めたこともある。そういう有能な人と組んだのは、今思えば大変なことである。弟の四郎さんは国鉄職員で、わが家に出入りし、私たちのサロンに参加していた。四郎さんはフランス語ができ、『昆虫記』で有名なファーブルのアルス刊『ファブル科学知識全集』のうち二巻の翻訳を手掛けた。この全集に四郎さんの兄・二郎さんもかかわり、その関係で三郎さんからお借りしたファーブルの訳書は、私が疎開先で魅せられた本の一つである。

やがて終戦の八月一五日が来た。豊科を引き上げるには、手続きや信三の介護などのため、少し時間が必要だったが、私は学校に早く戻った方がいいから、と両親より先に帰京することになった。

帰りの中央線はすし詰めで、そのうち、連結部分の幌の辺りから炎が上がり、車内に回ってきた。あわやという時に甲府駅に着き、命を拾った。新宿駅には、留守を預かっていた母方の叔父が迎えに来てくれていた。かつてベス単のカメラを貸してくれた、あの叔父である。

右が伯父・信三。疎開先から帰京した後は、私の父・信義家に住み、1948（昭和23）年、65歳で死去。左が伯父・信辰（俳号・路草）。疎開先の豊科町で1946（昭和21）年、54歳で死去

私はしばらく叔父夫妻の居候になった。

食糧事情は一層厳しくなった。配給される高粱の蒸しパンは、においがきつくて食べる気が起きない。食べる物がないので仕方なく口に入れたが、量も少ない。育ち盛りの私はいつも空腹で「何と惨めだろう」と感じた。栄養状態が悪いと、感染症などにも掛かりやすくなる。シャツにコロモジラミがはい、頭髪の中にアタマジラミがすんだ。指はしもやけで赤くなり、内股などの皮膚は疥癬《かいせん》にかかり、かゆくてたまらなかった。時々「いつまでこれが続くのか」という思いに捕らわれたものだった。

進路に迷う

疎開先から帰った私は慶應義塾普通部に復学し、留年して再び二年生のクラスに入った。校舎は空襲で焼失してしまっており、かつて通った幼稚舎に間借りしていたが、授業の様子は以前と変わりなかった。戦争中、軍国主義を賛美しなかった先生方は、敗戦後の混乱の中でも生徒の信頼を維持できたのである。東京に残っていた友達は、勤労動員として工場で働いたり、被災した母校の片づけをした。空襲の危険がある中で、壊れた水道管の復旧作業に従事した友達もいた。

それから普通部を卒業するまでの二年半は、わけの分からない日々が続いた。例えば、緊急金融措置令で、預金さえ自由に引き出せなくなる。労働者にストライキ権が認められたのかと思うと、ゼネストが中止になる。先行きが見通せない状況では、私の夢は到底膨らむどころではなかった。

やがて四年生になり、進路を考えなければならない時期が来た。私は漠然と、生物学か遺伝学の学者になりたい、と思うようになっていた。父の影響で植物が好きなことに加え、疎開先で本を通じていろいろ勉強したことも関係していたと思う。慶應義塾は一貫教育なので

1946（昭和21）年、奇跡的に空襲を免れた資生堂のパーラーの前で行われたNHKラジオ「街頭録音」の様子

大学受験はない。医学部や工学部（旧・藤原工大）など定員が限られる学部は、普通部での成績で推薦される。理学部はなかったが、私は、同じ生物科学系の医学部への進学を考えるようになっていた。

だが父は私に経済学部を勧めた。その頭にあったのは、家業の資生堂の将来である。

父は末っ子で病弱だったので、自分が資生堂を守るべきだと思うことも、息子の私に会社を背負わせるつもりもなかった。しかし、父の兄たちが亡くなったり病気になり、次の世代を見渡すと男が少なく、私と同じ年代の男子はほかにいない。一族から一人ぐらいは資生堂に入れた方がよい、やはり私をその方向に進ませよう――と考えが変わってきたらしい。

そうは言っても、私が経済学部を卒業すれば必ず入社できるという保証もなかった。当時、父は資生堂の子会社の社長に就いてはいたが、それは創業者の子として得た地位であって、社内での力は弱かったのだ。しかし、学者の道を選んでも確実なことは何もない。私の希望を聞いた父は「そんなに植物が好きなら、趣味にすればいいじゃないか。好きなことを仕事にしたら、好きなことがつらくなってしまう」と言う。会社に勤めながら、家でラン栽培などを楽しんでいた父の言葉には説得力があった。

結局、私は父の意に従うことにした。それでもまだ医学部への思いを断ち切れないでいると、母が担任の先生に呼び出され、「福原くんは医学部には行かないのですね」と念を押されたという。多分私は、成績順では医学部進学が可能だったので、態度をはっきりさせないと、成績が私より下の生徒が決められなかったのだ。

父の思いを知っていた母は帰宅して「医学部は断ってきたわよ」と笑いながら言った。これで私の進路は確定した。

第四章　拡大する視野

大学予科のころ

一九四八（昭和二三）年に普通部を卒業して、慶應義塾大学経済学部予科に入った。旧制中学の修業年限は以前、五年間だったが、戦時中に四年間に変わった。大学予科は、戦後の学制改革の関係で、本来二年制だったところを一年で終え、そのまま新制大学一年に進んだ。従って大学卒業までの期間は一年短くなった。

予科と、大学の最初の一年間は三田校舎に、大学二年の一年間は日吉校舎に通った。戦争中、連合艦隊司令部などになった日吉の構内は終戦後、接収され、一九四九（昭和二四）年秋まで進駐軍のキャンプになっていたからである。本来なら予科と、大学一、二年の教養課程の間はすべて日吉に通うはずだった。

私が通ったころの日吉キャンパスには、トタン屋根の「かまぼこ兵舎」が残っており、軍隊の宿舎だった小型の兵舎を教室に転用して、クラス単位の授業が行われた。室内には、ガタガタするベンチと長机が並び、中央に石炭ストーブが据えてあった。夏は猛烈に暑く、冬は凍るように冷える。それでも冬は授業の開始直前にストーブに石炭がくべられ、授業中は先生、学生ともに外套を着たままで、九〇分の授業が終わるころになってやっと部屋が暖まった。

大学時代。戦後、新刊書が出回ると父が次々と購入したので、自宅の蔵書はさらに増えた

予科時代から同級に、地方出身者も入ってきた。海軍兵学校や陸軍士官学校の在学中や、予科練（航空兵の訓練を受けていた少年兵）の時に終戦を迎えた人もいて、世慣れた雰囲気のある人たちに刺激を受けた。

自宅のあった品川・上大崎近くでも、戦後、新しい刺激がもたらされた。わが家の裏手は戦前、白金御料地と呼ばれた皇室所有の広い緑地であった。現在の国立科学博物館付属自然教育園で、明治時代は海軍や陸軍の火薬庫であった。御料地時代、周りは立派な丸太塀で囲まれていたが、終戦直後の物資のない時期、塀がどんどんなくなった。近所の人たちが燃料用に持ち去ったのである。所有者も大蔵省に代わった。おかげで、守衛に見つからない限りは、自由に出入りできるようになった。

この場所には江戸時代、高松藩主松平氏の下屋敷があった。その庭に当時、本国の高松の方から園芸植物が持ち込まれたり、薬草の栽培が行われたり、さらには本草学（植物を中心とする薬学・博物学）に詳しい平賀源内が来たこともあるという。後に園内の植生を調べると、武蔵野台地では自生しないはずの草花が見つかった。

私は普通部時代からこの中に入り込み、さまざまな草や花、昆虫などを観察して、魅せられていった。

ある時、この貴重な緑地の保存や活用のため、隣接する文部省教育研修所を拠点に活動していた長谷川仁先生と出会った。先生は昆虫学の専門家で、後にカメムシの研究で農学博士号を取られたのだが、本草学、民俗学、博物学などと広い知識を持っていた。先生から「研修所に遊びにいらっしゃい」と声を掛けられ、時々おじゃまするようになる。私が大学進学前に生物学者か遺伝学者になりたいと思ったのは、長谷川先生の知遇を得たことも影響していたと思う。先生との交流は経済学部に進んでも続いた。

自然を被写体に

慶應の三田キャンパスは空襲で木造校舎のほとんどを失っていた。戦後しばらくは、残った校舎やバラック校舎でやりくりしていたが、一九四九（昭和二四）年、木造の新校舎二棟と学生ホールが新築された。いずれも設計は幼稚舎の校舎と同じ、谷口吉郎さんで、このうち四号館と学生ホールは日本建築学会賞を受けている。その二年後、再び谷口さんの設計で第二研究室が建つ。この場所にもとあった建物の名を採り「新萬來舍」とも呼ばれた。鉄筋コンクリート造りだったが、縦長の長方形の窓が整然と並ぶデザインは、四号館などから引き継いだものである。棟内には彫刻家イサム・ノグチがデザインや彫刻制作を手掛けた談話室と庭園、通称「ノグチ・ルーム」があった。

私が教養課程を終えて日吉から三田に移って間もなく、谷口さん設計の新校舎がそろい、その光景は新制大学のスタートを象徴しているようにも見えた。学生数が増えたのも新制大学の特色で、経済学部一年生は一四クラスにもなり、合同授業で人気の高い先生の講義となると、大きな教室が大勢の学生で埋まる。でも、そういう授業は受ける気がしなかった。代わりによく行ったのが、近くにあった映画館である。「芝園館《しばぞのかん》」といって、豪華なじゅうたん敷きで、ヨーロッパ風の劇場を映画館として使っている、と思えるようなところが焼野原に残っていた。そこで「舞踏会の手帖」「うたかたの恋」などのヨーロッパ映画を見た。初めは休講を利用したが、そのうち講義があっても行くようになった。時には渋谷まで出て、今の西武百貨店近くにあった銀星座で「カサブランカ」「ガス燈」「誰が為に鐘は鳴る」などのアメリカ映画を楽しんだ。

慶應カメラクラブに入り、写真にも力を入れるようになった。クラブの活動は、部員一人ひとりが自由に撮った作品を例会で発表し、クラブの先輩から指導を受ける、というもので

谷口吉郎氏の設計で 1951（昭和 26）年、慶應三田キャンパス内に建てられた第２研究室（慶應義塾提供）

ある。先輩の一人で写真に関するテキストなどを書いていた大場栄一さんには、写真の基本的な技法をすべて教えてもらった。身近に父や伯父という写真家がいながら、基礎からきちんと勉強するのは初めてだった。

クラブの部室などはなく、現像は近くの写真店を使わせてもらっていたが、私は、父が備えていた暗室や引き伸ばし機があったので、自宅で作業をした。カメラは、父から借りたレフレックス・コレレというドイツ製のフォーマットサイズ六×六センチの中判カメラ。例会に指導に来る先輩は大手新聞社の写真部員として活躍している人が中心で、風景写真を見て「こんな写真は石炭殻じゃないか」などときつい言葉を投げる人もいた。当時は報道写真が流行していて、新聞社のカメラマンが指導するカメラクラブは当然、その流れに沿っていたのだ。しかし私はそういう写真に興味がなく、植物や昆虫、自然現象などが撮りたかったので、クラブの中で独自路線を貫くことにした。

それまでの私は、伯父の信三や信辰が撮ったピクトリアリズム（写真の芸術性を追求する考え方）の上質な作品に触れ、伯父たちには到底かなわない、というコンプレックスのようなものを感じていた。だが、その悩みも、好きな被写体に熱中することで克服していったのだった。

写真誌からの依頼

大学の授業から遠のいた私の足は、自宅近くの国立科学博物館付属自然教育園に頻繁に向かうようになる。教育研修所の長谷川仁先生を訪ね、そこでお話を伺ったり、園内の調査のお供をした。このお付き合いにより、私は思いもよらないところと多くのつながりを持つことができた。ちなみに先生は、横浜で生まれパリで没した版画家・長谷川潔のおいに当たる。

大学生のころ。植物や昆虫の写真を撮るのが好きだった

日曜になると先生は、東京の高尾山や奥多摩、大磯の高麗山など、日帰りできる山野に自然観察に出掛けられる。その時に、先生と同じ昆虫の研究者や、画家で植物の生態写真も撮る方などのお連れがいた。私もその仲間に入れていただき、カメラと三脚をかついで同行し、植物や昆虫などを撮っていたのである。

長谷川先生と一緒に歩くと、ご専門の生物科学にとどまらず、民俗学、博物学など多様な分野のことを教わった。例えば、ある山の峠の茶屋に見慣れない漢字四文字が掲げてあった。それは「さむはら」と読み、魔よけの言葉であるのだと説明された。風習などについて「なぜ行われるのか」「いつごろ始まったのか」ということまで話されるのでとても勉強になった。

お仲間の一人に誠文堂新光社の月刊誌「子供の科学」編集長の田村栄さんがいた。昆虫の写真家としても活躍した人である。そのうち私は「子供の科学」の編集部に出入りするようになった。長谷川先生から「田村さんに教わったら」という勧めもあったように思う。私の撮った写真が「子供の科学」に載るようになり、原稿も書いた。ついこの間まで愛読していた雑誌をつくる側になったので、うれしくて張り切ったものだ。

当時は戦後の出版ブームで雑誌や本が次々と出たが、中身をつくる人材は簡単には増えない。まだ学生の私に雑誌の仕事が来たのは、科学写真を撮る人が少ない、という事情もあった。科学写真とは自然科学の対象となるような動植物や自然現象の、記録を第一義とする写真である。おかげで「自然」「アサヒグラフ」などいくつかの雑誌から注文をもらったり、写真専門誌から、自然写真の撮り方などについての原稿を依頼されたこともあった。

編集者やジャーナリストなど、さまざまな人と交流するうち、世の中を見る目も養われた。出版社を通じて、会社という社会をのぞき見ることもできたのである。

あるとき、大手の出版社の仕事で理科の教科書にかかわり、編集会議に出ることになった。その分野で大家と呼ばれるような大学教授も出席するなか、末席に座る私もそういう方々と同等に扱われる。「先生」と呼ばれ、豪華な弁当が出され、黒塗りのハイヤーで送り迎えをするという。私には分不相応だから、ハイヤーのお金は私の報酬に上乗せしてもらえないか、と願ったが駄目だった。会議担当の総務部と原稿料を払う編集部とは、会社は同じでも「お財布」はまったく別だからである。こういう不合理が経営組織に潜んでいることは、大学の講義では学べなかっただろう。

米国語を学ぶ

岩波書店が一九五〇（昭和二五）年ごろから毎月三年間にわたって出した小中学生向けの「科学の学校」の挿絵写真も、私は手掛けていた。田村栄さんに、手が足りないからと頼まれたのだった。実のところ、田村さんは「科学の学校」のライバル誌、誠文堂新光社刊の雑誌「子供の科学」の編集長でもあったのだから、当時いかにこの分野が人材不足だったのか察せられる。

その仕事で三崎町（現・神奈川県三浦市）の東京大学三崎臨海実験所に通ったことがある。発生生物学の團勝磨先生の研究室で、ニワトリの卵がヒナになるまでの発生の様子を撮影するためだ。発生の途中で殻の先端を少しはがし、胚が徐々に変化してヒナになっていく様子を、團先生の指示に従いながらカメラで追った。この撮影では、卵に含まれるイオウ成分のにおいが鼻に強く残り、その後しばらくは卵を見るのも嫌だった。ちなみに團先生は、音楽家の故・團伊玖磨さんの叔父にあたられる。

ある時、この実験所にアメリカから無脊椎動物の研究者ブックスバウム先生が来ることになり、私は少し英語ができたので、この先生を空港から実験所まで案内する仕事を頼まれた。先生は奥さんと子ども連れで、気さくで面白い人であった。先生に、日本の生活について説明するうち、私が写真を撮っている話になったため、後日、作品をお見せすると、現在の三浦市初声町《はっせまち》の海岸で撮ったレンタイキクラゲの写真が気に入り、持ち帰られたのだった。

それから何年か後に、アメリカの出版社から私に原稿料として小切手が送られてきた。ブックスバウム先生が書かれた教科書に、私の写真が使われたからである。額は一〇ドルか一五ドルぐらいで、日本円に換えると手数料を取られ、ほんのわずかしか残らない。それでも、アメリカから原稿料をもらったことがとてもうれしかった。

大学時代は、英語の勉強にも力を入れた。日本では戦後、進駐軍が来てアメリカ文化が一気に広まると、英語学習熱も高まりをみせる。私も映画館でハリウッド映画を見たり、ＷＶ

TR（後にFEN）という進駐米軍のラジオ放送で現代アメリカ音楽を聴いたりして、アメリカの文化に親しめば親しむほど、この国の言語を学ぶことの大切さを痛感していた。それで日吉校舎に通っていた時には、目蒲線（当時）の大岡山駅近くの英文タイプの学校に通ったのである。

さらに慶應幼稚舎時代の同級生でカメラクラブの仲間でもあった安田菊太郎さんに誘われて、英語の個人授業を受けるようにもなった。最初の先生は、ご主人が貿易商という日本人女性で、私の自宅を教室にして、私たち二人ともう一人の友達三人で習った。

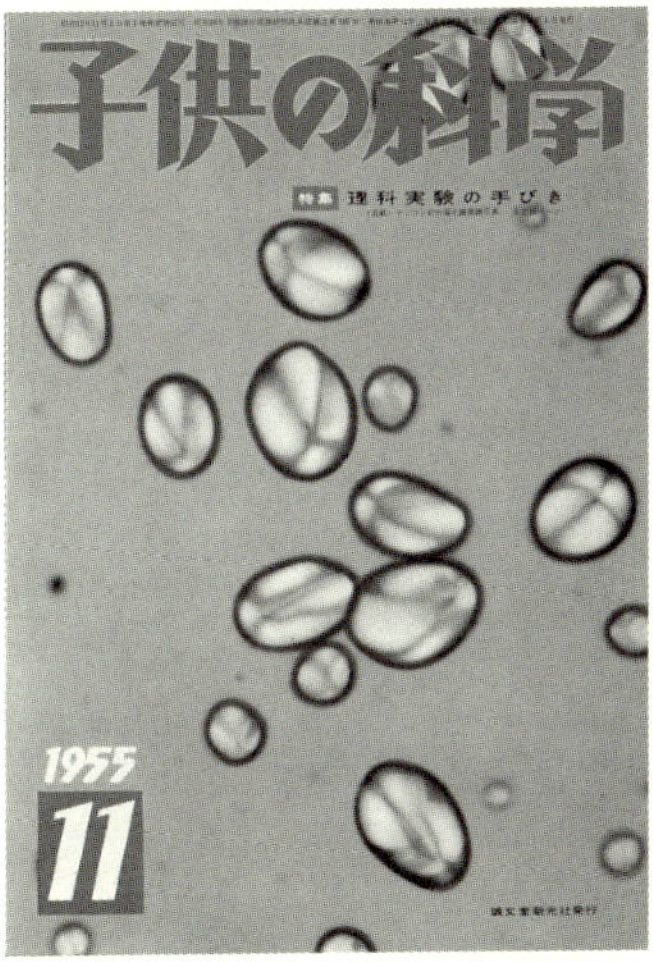

撮影したジャガイモのでんぷんの偏光顕微鏡写真を使った月刊誌「子供の科学」の表紙

次に安田さんが見つけてきた先生が、ジョン・コザキスさんという進駐米軍軍属の男性である。今の代々木公園のあたり、当時は米軍人用住宅が八〇〇戸以上並び、「ワシントン・ハイツ」と呼ばれた区域に、コザキスさんは住んでいた。そこに私たち三人は通い、アメリカ人の普通の生活に即した、日常の話し方を教えてもらったのである。

英語は役に立たない？

大学生の私たち三人の英語（米会話）指導を引き受けたコザキスさんは戦争中、駆逐艦の気象係を務める下士官だった。その前はゼネラル・エレクトリックの技師だったが、ギリシャ系アメリカ人で少数コミュニティー出身という事情もあり、異文化交流に関心があったという。戦後、国防省に、そういう方面の仕事に就きたいという要望を出したところ、進駐米軍軍属（地図サービスの部門に勤務）として日本に派遣されたのである。あまり知られていないことだが、進駐軍の軍人・軍属にとって、日本人と友好を図ることは使命の一つだった。つまりこの派遣はコザキスさんの願いに沿った勤務先だったということになる。国防省では各人の配属希望をコンピューターに入力し、そのデータを人事に生かしている、ということも知らされた。

コザキスさんはそのうち「授業料はいらない、友達として付き合う中で、会話を学んでくれればいい」と言ってくれたため、私たちのアメリカの言葉と文化の学習はさらに深まった。

代々木のワシントン・ハイツの家では奥さんのティナさんにもお世話になった。将校クラブで食事をしたり、構内の映画館で字幕なしの米映画も見た。そして、商品やサービスについて消費者の立場で調査し、その結果を掲載する月刊誌「コンシューマー・リポート」を読まされ、厚みのある消費者運動に感心したものだった。

このような授業を受けた私は、日常会話に困らない程度まで米語ができるようになった。米国の生活体験のようなこともできたので、後にアメリカに赴任した際には随分助かった。

大学時代、英語やアメリカの生活文化を教わったコザキス夫妻（手前）と

コザキスさんの次の勤務先はアメリカ先住民ナバホ族の居留地の役所だった。ここでも異文化の人たちとの融和が課題となる。離日前の送別会ではコザキス夫妻と親しくなった日本人が大勢集まり、別れを惜しんだ。私は、資生堂に入って一〇年ほ

どたったころ、米国派遣団で渡米した折に再会するなど、その後もお付き合いを続けている。

大学四年になると、資生堂が一回目の大学卒業者の採用試験を行う、という情報が父から入った。中学入学の時に一緒だった仲間は卒業していたので、もしも私が留年しなかったら、この機会は得られなかったことになる。

資生堂は戦後しばらく苦しい時期が続き、時々、給料の遅配や欠配があった。しかし当時の松本昇社長は、将来の幹部となる人材を今、確保しておかなければ、二〇年後、三〇年後に苦労することになる、という判断から大卒の採用に踏み切ったようである。この年以後は毎年、好不況にかかわらず大卒者の定期採用を行っている。

入社試験の科目は民法、商法、国語、英語だったと記憶する。私はコザキスさんの授業のほかに、独学で商業英語も勉強していた。試験でも英語の成績だけはよかったようだ。ところが二次面接の時、松本社長がにこにこしながら「あなたは英語がおできになるようですが、この会社では役に立ちませんよ」と言うので、その時はずいぶんがっかりしてしまった。

第五章　駆け出し時代

現場研修での体験

一九五三（昭和二八）年四月、資生堂に入社した。祖父の興した会社に入ってほしいという父の願いは、採用試験を受けて合格する、という無理のない方法でかなえられたのだ。

大卒で新卒の同期入社は六人である。それまで技術職以外、大卒者をほとんど採用しなかった資生堂は、私たちの研修カリキュラムをどうするか、かなり議論したらしい。戦前アメリカでのビジネス知識をもつ松本昇社長は、私たちを初めから幹部候補として扱い、現場には就かせずいきなりマネジメントを勉強させる、というアメリカ式エリート育成法を提案した。しかし社内では、現場での丁稚奉公的な研修にこだわる意見が強く、その結果、折衷案で私たちは最初の半年ほどの間、工場、研究所、販売会社を回ることになった。

墨田区向島にあった東京工場では、おもに、せっけん原料の油脂入りドラム缶を積み替える作業をした。製造工程やライン作業の邪魔にならないからだ。ライン作業の仕上げ部門にも回されたが、ベテラン工員の前では出る幕がない。何もしないわけにいかないので、ストップウオッチで作業時間を計る、というあまり意味のない仕事をした（しかしそれは後年、意外にも役に立つことになる）。

出版のご案内

おかげさまで、40周年

株式会社 かまくら春秋社

好評既刊

I KNOW YOU 脳

養老孟司 ●1470円

恋と科学。幽霊と発明。脳の不思議を明快に解く。『バカの壁』を著した解剖学者・養老孟司の決定版。

鎌倉日記 I・II

三木卓 ●各2100円

慌しくもゆるやかな「鎌倉時間」。世紀を越えて綴られた「月刊かまくら春秋」連載、十一年分のエッセイ集。

学はあってもバカはバカ

川村二郎 ●1470円

「週刊朝日」元編集長の怒り炸裂。「エリート」という「バカ」に支配されたこの国の「今」をユーモアを交えて斬る。

ひとりでは生きられない

明治～平成をドラマチックに、自由奔放に生き抜いた女医

私のかまくら道 ——改訂版——

永井路子 ●893円

鎌倉に暮した女流作家が、もののふの都を精力的に歩く。自然を謳い歴史をひもとく、鎌倉散策の決定版。

短歌カンタービレ はじめての短歌レッスン ●1470円

敬語スタディー 実技篇

尾崎左永子 ●1470円

言葉の「音楽性」からアプローチしたユニークな「短歌」入門書と、「美しい日本語」の使い方をやさしく学べる「敬語」指南書。

こころにひかる物語 I・II・III

三木 卓編 吉野晃希男画 ●各1890円

それぞれ三十名の豪華執筆陣が、「あかり」にまつわるさまざまな思い、エピソードを綴る珠玉のヒューマン・エッセイ集。

私のはやま道 ●1000円

しなやかな感性で綴る葉山、三浦半島のとっておきの散策

松久淳+田中渉 ●1050円

ー。映画・舞台化された大ヒット作。

りんご 日英対訳絵本

文／三木卓
絵と翻訳／スーザン・バーレイ ●1470円

詩人・小説家の三木卓と、世界的ベストセラー『わすれられない おくりもの』のスーザン・バーレイによる日英合作絵本。

中也ノオト

私と中原中也
野々上慶一 ●1575円

三十歳で没し永遠の青春を生きる詩人・中原中也と親しく接した元編集者が、六十余年の歳月を越えて綴る追憶の書。

里見弴 補遺全三巻

唇さむし●2940円／雑記帖
●3990円／満支一見●2940円

文学と芸についての対談集「唇さむし」。未発表の作品を収めた「雑記帳」。昭和初期の中国の紀行見聞録「満支一見」。

斎藤栄 ●1020円

た数々の謎、伝説にミステリー界の大御所が挑む。

青じその花 増補改訂版 ●1326円

もしもし山崎方代ですが ●1575円

山崎方代

異能の歌人が綴る初のエッセイ集と、その生前の姿が鮮やかに蘇る、歌、エッセイ、おしゃべり。

かまくら文壇史

近代文学を極めた文士群像
巌谷大四 ●1631円

泉鏡花から野坂昭如まで、鎌倉を舞台に近代文学史を彩った文士群像を、文芸評論家があたたかな筆致で描く。

鎌倉かるた

鎌倉ペンクラブ編
●1500円

遊びながら鎌倉の歴史や文化が学べる、子どもから大人まで楽しめるかるた。絵札は、鎌倉在住の画家、作家らが手掛ける。

●価格表示は定価（本体+税）です

英語版日本小百科

JAPAN

B5判変型上製　264頁
オールカラー　3500円

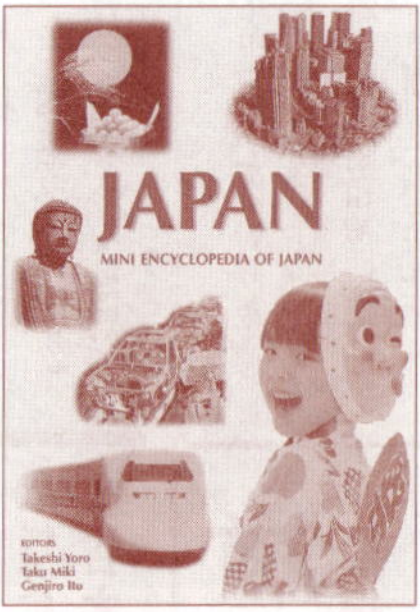

英語で紹介する日本の全体像

日本の地理、歴史、文化、産業はもちろんのこと、暮らしに根づいた歳時や遊び、食べものまでを網羅。ビジネスに、国際交流に、相互理解に携えたい一冊。

かまくら春秋双書

未来への指針となる〈良書の方舟〉を目指し、既刊の良書を含めて世に問うシリーズ。

歪められる日本のイメージ

ワシントンのパーセプション・ゲーム

近藤誠一●1470円

クリントン政権下、外務省駐米日本大使館参事官、公使を務め、現在はユネスコ日本大使として世界を飛び回る著者が、米国政府のイメージ操作の実態を明らかにする。日本外交の問題点を探り未来への指針を示した一冊。

“鎌倉を知る” 小事典シリーズ

鎌倉のすべての寺を1冊に

鎌倉の寺　小事典

●1000円

鎌倉にある114の寺院を写真と文章で紹介。仏教、みほとけ、祈りの心など、読むほどに古都鎌倉に育まれた「こころの文化」への思いが深まる。詳細な用語解説と地図付き。

鎌倉に鎮座する神社を網羅

鎌倉の神社　小事典

監修／吉田茂穂（鶴岡八幡宮宮司）

●1000円

鎌倉に鎮座する神社を網羅し、そのご由緒、お祭り、ご神徳（ご利益）をまとめた1冊。神社建築、用語・人名解説、地図付き。

「花の町」鎌倉をポケットに

鎌倉の花　小事典

●1400円

四季折々の花を160点余りのカラー写真で紹介。中島千波（日本画家）、蜂飼耳（詩人）、安西水丸（イラストレーター）らのエッセイも収載。みやげ物店や味処ガイド、地図付き。

文学を歩く

鎌倉の文学　小事典

伊藤玄二郎／編

●1200円

川端康成、小林秀雄、立原正秋など多くの作家が訪れ、暮らしたまち、鎌倉を歩く。三木卓、藤沢周らのエッセイを収載。散策地図付き。

●バックナンバーのお問い合わせは最寄りの書店、または小社まで
●価格表示は定価（本体＋税）です

〒248-0006　鎌倉市小町2-14-7　　TEL 0467(25)2864
http://www.kamashun.co.jp/　　FAX 0467(60)1205

銀座７丁目に1929（昭和４）年に建てられた資生堂本社ビル

工場併設の研究所の見学後は、販売会社に配属された。私は中央区新富町の東京販売会社で倉庫、配達、セールスマンの見習いをした。倉庫係には得意先から「すぐにせっけん一梱《こり》届けてほしい」などと注文が入ることがある。せっけん一梱は、正確には分からないが、木箱入りで三〇キログラムほどはあったと思う。自転車に積むだけでも大変だが、走ろうとすると前輪が浮いてしまう。しかし慣れた倉庫係は、一梱を載せても平然と走っていて驚いた。

セールスマンは朝、暇である。得意先の店主や奥さんは昼を過ぎないと会えないからだ。しかし事務所にいれば「早く出掛けろ」と言われる。そこで皇居前広場で朝寝して、浜松町辺りのタクシー運転手相手の一膳飯屋で安い昼をとってから管轄内のお店回りを始める、というのが普通だった。

私はセールスマンに付いて回ったが、ここでもすることがない。それでまたストップウオッチを使い、セールスマンの商談時間を計った。彼らは、いきなり商談には入らない。あれこれと世間話をし、時には相手のグチに付き合う。店にいる時間はだいたい二〇分か三〇分ほどで、その最後の一、二分間に売り込んで注文を取る、というパターンである。一カ月間ほど計って統計をとったところ、確か一日に訪れるのは五～六店で、商談時間は一日合計で一〇分にもならなかった。

こうした研修は、私にとってはいろいろなことが分かり、糧ともなったが、後に経営者になって考えれば過剰だったと言わざるを得ない。結局はデスク勤務となる社員なのだから、現場での教育はほどほどにすべきだったし、一方で、戦力にならない人たちを何カ月も受け入れる側にも、大きな迷惑であった。

しかしこの失敗はすぐに生かされ、その後、大卒者の研修では現場実習を短くするなどの改善がなされた。

最初の上司

研修を終えて最初に配属されたのが本社のチェイン部チェイン課である。「チェイン」とは化粧品販売のチェインストアのことで、この部署はいわば化粧品販売部販売課である。

最初は受注・出荷の伝票処理の仕事に就いた。全国の販売会社から注文を受けて工場に指示を出すため、毎日一〇〇枚近い伝票を処理した。伝票は五枚つづりで、その間にすべてカーボン紙を挟むだけでも、かなり手間が掛かる。その上に、商品ごとに売り上げを計算して書き入れた。母方の伯父が銀行員をしており、終戦直後しばらく、わが家に同居していた時にそろばんを教わったことがここで役に立った。

しかし、同じ課で働く先輩女性社員たちのそろばんの速さは私の比ではない。高校卒業で入社しているので、年齢的には皆、私と同じぐらいだったと思う。一日の終わりに、すべての伝票の合計と出荷先ごとの合計が合うか確かめるのだが、合わない時には、この女性たちが時には深夜まで計算のやり直しを手伝ってくれた。

後に社長に就任した私は、女性社員の登用や女性が働きやすい制度の導入などを積極的に行ったが、その原点にあるのは、この時、女性社員に親切にされた経験である。

課内には有能な先輩男性社員が二人いたが、一人は病気になり、もう一人は上司と対立してまるで「仕事サボタージュ」のようになった。それで、本来なら私のような新米に来るはずのない仕事を任されることになり、それをこなすために懸命に勉強した。すると、仕事のことがいろいろ分かってくる。面白くなって、いっそう打ち込むようになった。

ところが、前からの伝票記入の仕事も抱えていたので、時間がない。伝票の計算が合うまで帰れないことが続くと、昼間の作業効率にも響いた。そもそも人数が足りないのである。それで、少し普及し始めていた外国製の電動計算機を導入してもらった。今から見れば、計

新入社員研修を終えて、本社チェイン部チェイン課に勤務し始めたころ

算速度は遅く、ただ計算するだけなのに図体ばかり大きい。それでも当時の私たちには大助かりだった。計算機の導入とともに伝票も簡素化した。

会社も、少し前まで経済的に不安定で、「いつ不渡りを出すか」とささやかれるような状態だったが、私が入社した年から回復基調に入った。出荷係の仕事も、売り上げが伸びて作業量は増えた。それでも、この計算機の働きで、課員を増やさないで済んだ。

チェイン課の高山富夫課長は判断が非常に的確だった。器が大きく、何事にも動じない面がありながら、細部にも気を配る繊細さもあった。何かの統計で、新入社員の将来は最初の上司に左右される、と読んだことがあるが、私にとって、その通りの上司であった。

入社して間もないころの私は、会社のことで一喜一憂しない、といった冷めたところがあった。それが、高山課長と出会って変わっていく。それくらい目標にしたいと思える人であり、やりがいのある仕事を与えてもらったからだ。

計算機が入った後も、夜遅くまで食事も取らず仕事に熱中する日が多くなっていった。

「日曜写真家」の日々

テレビが家庭に普及するのは昭和三〇年代に入ってからだが、資生堂では一九五四(昭和二九)年に初めてのテレビCFを制作した。その前年に発売した「パール歯磨」のキャラクター「パールちゃん」が登場する一分間の広告動画で、日本テレビなどから毎晩一回放送した。続いて一九五六年にはテレビ番組(日本テレビ「テレビ体操」)を初めて提供するなど、普及に合わせてテレビを利用した宣伝広告にも力を入れていった。

このころ、販売部門にいた私はテレビの力を実感していた。人気商品は全国で一斉に品薄や品切れになるのだが、特にテレビで宣伝したものは広がりが速く、影響力も大きいので、そういう事態を招きやすかったからだ。

人気商品が品切れになると、販売部門では販売店や販売会社からの照会や「何とか回してくれ」といった要請の電話が鳴り続けた。近郊の販売会社などは直談判に来た。元特攻を思わせる飛行靴に白マフラーという「怖いもの知らず」を誇示するような格好の、地方からの若い男性社員が訪れ、半ば脅されたこともある。私は、家に居ても電話が鳴るとぎくりとするようになった。

けれど品切れが相次ぐのは販売部門の責任ではない。生産計画が販売状況に見合っていないのが問題なのだ。しかし役員会は、在庫を増やすことに慎重な姿勢を変えない。数年前まで資金繰りに苦しんだことが影響していたのだ。販売部門ではしばらく、電話が殺到して仕事にならない状態に耐えるしかなかった。

それでも私は、会社で疲れた心身をリフレッシュする場を持っていたのが幸いだったと思う。大学時代に受けていた科学写真の仕事を、会社に入っても、日曜や休日を利用して手掛けていたのだ。撮影のため、長谷川仁先生らの自然観察会に参加して、武蔵野や奥多摩の山野に通っていた。

あるとき、光文社がカッパ・ブックスという新書を創刊して間もないころ、その表紙の写真を私に撮ってほしい、という話が来た。当時の編集長の一人、塩浜方美《やすみ》さんの発案だった。カッパ・ブックスはドキュメンタリーや入門書、大衆小説などを出していた。そのような本に私の写真が合うのだろうかと思ったが、塩浜さんは「まったく関係のないものを組み合わせてショックを与えたい」という考えだった。それで壺井栄編『野の草のように』、正木ひろし著『裁判官』を手始めに、全部で十数冊の表紙を手掛けたのである。神吉《かんき》晴夫社長にもお会いして礼を言われたのを覚えている。

だが、こうした「日曜写真家」は入社後一〇年ほどで終わりとなった。科学写真の専門家が増えた上、会社の仕事が忙しくなってきたからだ。

この経験を通じて、私の心の中にある考えの種がまかれた。会社の仕事と並行して、会社の外でもやりがいのある仕事や活動をすることは、個人の生活の充実につながっていく。それに社外での経験や知識は社内でも役に立つ。そういう人たちが会社の総和となれば、会社にとってもよいことではないか、と。この考えはその後、会社以外の場で心が豊かになるような経験をするたびに成長していった。

父の急死

一九五八（昭和三三）年五月から、資生堂は日本のテレビで初のミュージカル・ショー番組「光子の窓」（日本テレビなどで放送）を単独で提供した（六〇年末まで）。番組の中心である女優の草笛光子さんは当時二〇代前半で、資生堂の専属モデルでもあった。内容は都会的で洗練され、資生堂のイメージに合う、などと好評だった。テレビ業界からも注目され、一九六〇（昭和三五）年一〇月に放送された番組の特別版は芸術祭奨励賞を受けた。

この年の暮れ、父が亡くなった。急性肺炎だった。風邪をひき、高熱が出て、意識がもうろうとしたと思ったら、そのまま自宅で息を引き取った。あまりに急で、悲しむ間もなかった。

父は当時、資生堂で名ばかりの会長職に就いていたが、私は会社の中で父の世話になるつもりはなく、独立独歩に努めていた。社内には、私にすり寄ってくる人もあれば、逆に遠くから眺めて落ち度を探しているような人もいた。後には派閥争いのようなことに誘われたりもしたが、私はどのような動きからも、できるだけ距離を置くよう心掛けていた。

父も私に対し、会社のことで特に何かしたり、言ってくることはなかったが、ほかの社員の面倒を見ることはよくあったようだ。父の死後、社内の何人かから「お父さんにお世話になったので、これからはあなたにお返しをしたい」などと言われたものである。後に私が困った時に、父から受けた恩を理由に助けてくれた人もいた。

父によくしてもらった、という人の中には戦争中、応召して会社を辞めた後、復員して入り直した人もいた。終戦直後、会計課長だった父は、戦地から戻った人があいさつに来ると、「ご苦労さまでした。落ち着いたら会社に戻っていらっしゃい」と言い、再就職の支度金を渡していたのだ。人に分け隔てなく親切にするところは父らしいが、復員した元社員を無条件で再雇用したのは、会社の方針であった。

当時、復員した人を再雇用するところはまれで、国鉄（現・JR各社）と資生堂だけ（実際はほかにもあったようだ）とさえ言われた。再建に取り組んでいた資生堂は、材料不足で生産がなかなか進まないこともあって、実は火の車だった。それでも支度金まで出して雇い直した理由には、会社を支えるのは人であり、その「人」を大切にしなければいけない、という考えもあったのだと思う。それまでも資生堂は、創業間もなくの資金難、関東大震災などの危機を乗り越えてきたが、その度に力となったのが人だった。

私が入社する少し前、資生堂が融資を受けられないで困っている時、日本勧業銀行（当時）

から手が差し伸べられた。取り計らってくれた銀座支店の中村一策支店長が、本店に諮るために書いた稟議書には、資生堂への融資が妥当な理由として、「化粧品は平和産業であるから将来必ず成長する」ということに加え、「よい人材がいる」ことが挙げられたと聞いた。この時、社内の人の力を銀行が認めなければ、今の資生堂はなかったかもしれない。中村支店長は、のちに第一勧業銀行の頭取になった方である。

商品計画の部門へ

一九五九（昭和三四）年、チェイン部（化粧品販売部門）で、商品の企画や商品ライン管理の部門が独立して新しく商品課が設けられ、そこに私は移った。

商品企画には入社間もないころから興味があった。研修でセールスマンに付いて回った時、販売店に行くと「ほかと比べて資生堂の口紅はなぜ硬いの」などと聞かれる。当時はまだ、化粧品の材料であるひまし油などの植物油脂やワックスなどが統制され、配給される材料だけでは十分な品質が得られなかった。それで例えば口紅が硬かったり、ひまし油のにおいが

熊田千佳慕さんが箱の挿画を手掛けた「ティーンズ化粧品」シリーズ。熊田さんは当時、絵本の装丁・イラストなども手掛けていた

残ったりして消費者の評判を落としていたのだ。闇市場で材料を調達していた化粧品会社もあったようだが、資生堂はそういうことをしない。

しかし問題は材料だけではなかった。例えば口紅の色を見ても、他社のものにはいかにも売れそうな目新しさがあるのに、資生堂のものはありきたりに見える。消費者の「目線」に立った商品計画が行われていないのだ。商品計画の専門家を置かない上、それを決めていた役員会が市場の情報より、メーカーの事情を優先していたことに一つの原因があった。

私は販売部門にいるころからこういう問題に気付いており、解決するにはマーケティング技術が必要だと分かったので、出たばかり

目黒区美術館にて熊田千佳慕さん（右）と（2006〈平成 18〉年)。「熊田千佳慕展」に際して対談したときのスナップ

の本を読んだり、いろいろな人の話を聞いたりして勉強した。一方、社内の商品開発の仕組みも少しずつ改善されてもいた。

　商品課で最初に手掛けた商品企画は、若い世代向け化粧品シリーズ「ティーンズ化粧品」である。一〇代を狙った化粧品は米国ではすでに出ていたが、日本では一九六〇年発売の「ティーンズ化粧品」が初めてだった。専属モデルは、当時一五歳だった女優の吉永小百合さんを起用。全部で化粧水など五品種あって、箱の側面にはすべて違う花が図鑑風に描かれた。五箱合計で二〇種の花のイラストを描いたのは、後に昆虫や植物の細密な絵で知られた画家の故・熊田《くまだ》千佳慕《ちかぼ》さんである。

　パッケージ・デザインなどのアート担当は

当時宣伝部にいた中村誠さんだった。私が中村さんに「一〇代向けのデザインが欲しい」と相談すると「それならいい人がいる」と言われ、紹介されたのが熊田さんだった。戦後の一時期、資生堂でグラフィックデザインを担当した山名文夫《あやお》さんを熊田さんは師と仰ぎ、山名さんを通して資生堂の仕事を受けていた。それで中村さんも知っていた。出来上がったイラストは若い女性を引き付け、このシリーズは話題を呼んだ。しかし描いた人について、私は当時、あまり意識していなかった。

それから四〇年ほど後、「サクセスフルエイジング対談」という本の企画で、私の対談相手の一人に熊田さんが選ばれ、その時初めて、ファーブルのように昆虫をじっくり観察し、その世界を極細の線で表現している画家と「ティーンズ化粧品」の関係を知ったのである。横浜の三ツ沢のお宅で初めて会って話しながら、精緻な絵を生み続けてきた強靱な精神に触れ、感動した。

熊田さんとは、その後とても仲良くなり、文通をしたり、偶然にほとんど同時にお互いの本の書評を書いたこともあった。

異業種との連携

化粧品にとって「香り」「伸び」「滑り」といった数値で表しにくい要素が担う役割は大きい。しかし、売れ行き不振の理由を単に「他社の商品より伸びが悪いから」などと言っても研究部門は納得しない。商品課でこの問題に突き当たった時、取り組んだのが官能検査の手法である。

この手法は、一つの商品で数種の試作品を用意し、それぞれのにおい、伸びなどについて五段階評価のアンケートを取る。その結果から「有意差」という数値を出すと、各試作品のどの部分の違いが消費者の感じ方に影響するのか、などを客観的に示すことができるのだ。有意差を出す計算は複雑で、そろばんではかなり面倒だったが、数値が出ると担当を説得しやすくなり、商品設計もよい方向に変わっていく。

この時、後に私の前任の社長となる大野良雄さんの指導を受けた。大野さんは当時、企画課長で、官能検査を含めさまざまな手法の導入を進めていた。就業時間後に開かれた社内研究会に私も参加し、慶應大学理工学部の浦昭二先生の指導も受けた。このとき、大野さんの物事を合理的にとらえる姿勢に私は共鳴し、関係が深まった。

一九六一（昭和三六）年、資生堂初のキャンペーンを担当した。「キャンディトーン」という口紅を中心とするキャンペーンである。日本流行色協会（当時）が予測発表したこの年の流行色が「サニー・トーン」という太陽の光を受けたような明るい色調で、それを基に七色の口紅をそろえて特別セールを展開した。

資生堂は当時、口紅などのメーキャップ化粧品が、スキンケア化粧品などと比べ弱かったことや、少し前に外資系の化粧品メーカーがキャンペーンを行ったこと、などがキャンペーンの背景にあった。貿易自由化の動きが進み、やがて化粧品業界にも、品ぞろえなどに優れた欧米のメーカーと競う時が来る、という危機感の社内での急速な広がりも拍車を掛けた。今から見れば小規模なキャンペーンだが、流行に敏感な百貨店が売り場を優遇するなど、実施の意義は確かに感じられた。

さらに、その翌年の流行色予測は、シャーベットを想像させるようなパステルカラーで、今度もその「色」を切り口とした口紅などの商品でキャンペーンを実施。この「シャーベットトーン」は繊維メーカーという異業種の東洋レーヨン（現・東レ）と組み、コンビナートキャンペーンとして展開した。東レと資生堂の二社を軸に靴、キャンディーなどの生活用品のメーカーも加わって多面的に行ったもので、一つのテーマをいろいろな商品の宣伝につなげることから「アンブレラ・キャンペーン」とも呼んだ。

東レは後に副社長となった遠入昇《えんにゅう》さんが宣伝課長で、その下に米国式のマーケティング手法などに通じた有能な人が集まっており、そういう人たちの知恵と、資生堂が前年の経験で培ったノウハウを組み合わせ、このキャンペーンは成功をおさめた。私自身もこの連携で学んだことは大きかったと思う。

海辺の余暇

商品課時代に手掛けた春のキャンペーンの費用は、当時の会社にとって巨額なものであった。口紅の出荷額で初の国内トップに立つ、という結果が出たからよかったようなものの、「もし失敗したら」と思って眠れない夜もあった。

私が商品課を出た後の一九六六（昭和四一）年からは夏のキャンペーンも始まる。この年のキャンペーンタイトルは「太陽に愛されよう」である。健康的な小麦色の肌をした前田美波里さんのポスターが大反響を呼び、ポスターが持ち去られる騒ぎが起きて、同様の出来事の始まりと言われた。

　私が商品課にいた時には「サンオイル」の企画にかかわった。夏のキャンペーンの主役であるサマー化粧品の先駆けである。「美女は色白」という考えが根強かった日本で、小麦色の肌も女性の美しさの一つとして提唱したい、という思いから、きれいにむらなく日焼けするための化粧品として開発した。一九六一年（昭和三六）の発売当初、消費者の反応はいまひとつだったので、「太陽に愛されよう」の成功はうれしかったものだ。

　このキャンペーンのポスターは当時、宣伝部のアートディレクターで、後にパルコの広告などで注目された石岡瑛子さんが手掛けた。

　資生堂の場合、アートディレクターやグラフィックデザイナーらを社内に置くことは、会社のスタイルや文化を引き継ぐことができるので大きなメリットになっている。しかも石岡さんのように資生堂で育ち、その後独立して活躍する人が何人もいるので、人材育成という形で社会貢献をしている、という自負もある。

　グラフィックデザイナーの仲條正義さんは、東京藝術大学卒業後、三年ほど資生堂宣伝部にいた。私は当時、販売部門にいて、小売店向け販促セットの買い物袋のデザインを仲條さんに頼んだ。新人デザイナーに従来の花柄中心の資生堂調にない味を、と期待したからである。

仲條さんはそれに応えて、シンプルでモダンなデザインをしてくれた。

仲條さんとは仕事を離れた付き合いも深めた。仲條さんの友人数人が、品川の私の家に来たり、その仲間と一緒に三浦半島の小網代《こあじろ》（神奈川県三浦市）の海に通ったりもした。逗子に祖父の別荘があった時代、別荘の船の船頭をしていた人が小網代で漁師をしていると知り、一度訪ねたところ、海も周りの環境も素晴らしいところだと感じていたのだ。それで時々出掛けては、漁師の船で釣りをしたり、海の幸を堪能したりして遊んだ。

そのうち自分たちでボートをつくろう、という話になり、米国の科学誌に載っていた手作りのディンギー設計図を見ながら、ラワン材やベニヤ板などを組み合わせ、最後は白く塗った。作業は私の家で毎晩集まって取りかかり、完成まで二、三カ月かかったと思う。無事、海に浮かび、楽しんだものだ。その次に、仲間でお金を出し合って小網代湾に面した１ＬＤＫほどの箱のような家を造り、海の家として共同で利用した。

「サンオイル」などのサマー化粧品を中心に資生堂が毎年展開している夏のキャンペーンでは、鎌倉〜藤沢間を走る江ノ電の車体広告を実施したことも。1982（昭和57）年、「サンオイル号」と名付けた一面金色の車両が登場して話題を集めた（江ノ電沿線新聞社提供）

小網代に行く時は横須賀線の逗子駅で降りてバスに乗り換えたので、私の逗子への親しみもこのとき強まったように思う。

医師の末娘と結婚

商品課に務めるうち、私は三〇歳を越えた。会社の中でも外でも忙しく、結婚は億劫になっていた。しかし母に「見合いをしなさい」とせかされたり、会社でも「そろそろ考えないと」などと言われるようになり、仕方なく見合い話を受けるようになった。

妻となった小林順《すなお》との縁談を持ってきたのは、会社と同じビルに入っていた関係会社の東《ひがし》根《ね》徳松さんである。父と親しかった人で、私のことも気に掛けてくれていた。東根さんのかかりつけの医師の末娘が順で、「まず、お父さん（順の父）に会ってください」と言われた。義父が開いている小林診療所は会社のすぐ前にあり、会ってみると、東根さんが勧めるのはもっとも、と思えるような気さくで、考え方のしっかりした好人物である。先に父親に会って相手の家族に親しみを感じたのがよかったのだろう。その後、本人と会ってすんなりとま

立食スタイルで行った結婚披露宴（ホテルオークラ東京）。恩師の吉田小五郎先生（左）が主賓としてあいさつしてくださった

とまった。

妻には兄三人姉一人いるが、医師になった人も医師と結婚した人もいない。呼び出されたら深夜でも休日でも駆け付けなければならないといった、医師という職業の大変さを一番強く感じていたのは、妻の母だった。その思いが、子どもたちに影響していたのだろう。つまり、私が医者でなかったことが順の夫に選ばれた理由の一つである。しかし決定付けたことはやはり、どちらの家も堅苦しいことを好まない、などの「価値観の一致」であった。

結婚披露宴は一九六二（昭和三七）年一一月の平日の夜に開いた。招待客に休みの日にわざわざ出掛けてきてもらうのは申し訳ない、という考えからである。また海外のやり方にならって、立食パーティー・スタイルにした。この形式の披露宴などは当時まだ珍しく、その先駆けと言えた。妻の母方の伯父で関西電力の初代社長などを務めた太田垣士郎さんも、この常識にとらわれない披露宴を失礼とは思わず出席してくれた。

結婚前に妻は、一人っ子の私がいつまでも母の言いなりになっているのでは、などと心配していたようだ。実際そういう面があったので、直すように努力したつもりである。妻は母との同居を受け入れて、母が一九九八（平成一〇）年に亡くなるまでその生活を支えてくれた。

ただし結婚後、自宅敷地内に私たち二人のための小さな家を建てた。グラフィックデザイナーの仲條さんがアイデアとラフスケッチを出したもので、上から見ると正方形で一階に台所、二階に寝室という程度の簡素な造りだった。ところが初めに書いた通り、東京オリンピックのための高速道路建設で立ち退くことになったので、その家には一年も住まなかった。

義父の診療所には時々出向いて話を聞いた。患者には官庁の役人、大企業の経営者らが多かったので、義父はそういう世界の裏側までよく知っていた。また、さまざまな人同士を結び付けるフィクサーのようなところもあって、多方面の人から慕われていた。そういう義父の話は示唆に富み、仕事や人生のさまざまの場面で大いに役立ったように思う。

第六章　米国子会社へ

派遣団で海外視察に

初めて海外に行ったのは一九六一（昭和三六）年三月、会社の第一次米国派遣団に参加した時である。

羽田からシアトルまで飛び、ニューヨーク行きに乗り換えると、飛び立ってすぐ、故障でスポケーンの空軍基地に不時着陸した。ホテルがなくＹＭＣＡに一泊させられ、翌日は代替機で中部のミネアポリス・セントポール空港へ。そこからニューヨーク行きに、キャンセル待ちで半日ほどしてから乗る、という遠回りをさせられた。ミネアポリス・セントポール空港では雪が降っていたが、空港内は暖かくＢＧＭが流れていて「まさにアメリカだな」と感じたものだった。

その二年後の第二次米国派遣団にも加わった。両方に参加できたのは、英語が少しできたのが認められたのだろう。第一次は社員五人、第二次は社員六人、どちらもほかに取引先などから数人参加し、約一カ月間、主要都市を回った。社員だけでも販売、研究、生産などと異なる部門の寄せ集めだから、見学したい会社などは皆、異なる。それで、あるルールの中で各自が自由に訪問先を決め、自分でアポイントを取り、交通手段も手配する、ということになった。

私は「コンシューマー・リポート」を発行しているコンシューマーズ・ユニオンやニューヨークの広告会社などを訪ねた。同業の化粧品会社もいくつか回ったが、どこでも本社から工場まで見せてもらうことができた。とにかくこの時の視察は、どの訪問先でも皆、親切に教えてくれたように思う。当時の日本は彼らにとってライバルでなく、まだ世話をしなければならない「弟分」ぐらいに見られていたからだろう。

1963（昭和38）年の第2次米国派遣団の出発風景。右から4人目の、横を向いているのが私

第二次派遣団参加の数カ月前、私は技術部製品開発課の課長に就いた。化粧品（基礎・メーキャップ化粧品、香水など）とトイレタリー（せっけん、歯磨き、シャンプーなど）に続く「第三の商品分野」を探すため新設された組織である。私の上司の見矢《みや》洋一部長はカリフォルニアの大学で薬学を専攻した日系二世で、米国の各種専門誌を数十冊も購読していた。私にも回覧され、見出しを追うだけでも大変だったが勉強になった。課員は研究所からの技術系三

人、営業畑の文科系が三人で、技術系が社内の技術やノウハウなどを、文科系が市場やライフスタイルなどを調べ、それらを統合して何か新しいものを、という狙いだった。

この課に所属している時に出会ったのが京都大学理学部教授や、第一次南極観測隊越冬隊長を務めたことなどで有名な西堀栄三郎先生である。先生が毎月一回開いていた新製品開発研究会という一種のセミナーに参加したのだ。

このセミナーで、先生独特の合理的で前向きな考え方に影響を受けた。KJ法という、問題の認識や新たな発想のためカードを使ってデータを分析する手法を、西堀先生と発案者の川喜田二郎先生から直接教わることもできた。課員とKJ法を実践しながら習得したことは、後に随分役に立つことになる。西堀先生とはその後も、時々お訪ねしてお話を伺ったりして交流を続けた。

革新的創造は難しい

製品開発課は、化粧品とトイレタリーに続く第三の収益の柱を見つける、という使命だけで、上からの指示もなければ、手足となる研究所や試作工場もない。人数も予算も少ないので、できることは、基礎的テーマについての調査、開発手法の探求、セミナー受講やコンサルティング団体などを通して外部の意見を聴く——というぐらいであった。ほかの部門からは「何をやっているのか」という目で見られていたようだ。私が西堀栄三郎先生から習ったＫＪ法などの手法を課員に実践指導している様子から「福原道場」というあだ名が付いた。

そうこうしながら、会社にいくつかの事業化提案をした。一つは生理用品で、これは一九六五（昭和四〇）年に「ナプロン」という名で商品化されている。よい評価も得たがクレームも多く、社内では「化粧品会社で生理用品はどうか」などと理解が得られない面もあって、一〇年ほどで製造が中止された。入浴剤も提案して商品化まで行ったが伸びなかった。これらのアイデアは、佐橋慶女《さはしけいじょ》さん（当時は「慶」と名乗っていた）が女性だけで創業したマーケティングやコンサルティングの会社「アイディア・バンク」からもらったものだ。バイオテクノロジー分野の研究も提案したが、具体的なことまで考えられなかったので、研究所から「そんな雲をつかむようなことは必要ない」と切り捨てられてしまった。

このころ、米国に輸出していたひげそりの替え刃が、向こうの会社の特許技術に抵触するかもしれない、という問題の対策にも当たった。その結果、私は研究所の人と共同名義で剃り刃の製造特許を持つことになった。またこの取り組みを通じて、社内の特許の出願や管理の体制などに問題があることに気付き、対策方法を提案。それが通って、一元的に工業所有権を管理するシステムが整えられ、社内弁理士を一人育てることができた。

この経験を通して思うのは、「何か新しいもの」といったあいまいな目的だけを与えられた遊撃的な組織では、ある程度の成果を出すことはできても、革新的なものを生み出すのは難しい、ということである。

ただし、このような部署を経験した社員は、柔軟な思考力や豊かな発想力などが養われ、営業や生産などの職場に戻ってから、その力が発揮されたと信じている。

この課にいる間に、東京から逗子に引っ越した。来た当初、驚いたことの一つは、近所の商店の人の愛想がよくないことだった。周りには企業の保養所や研修所（もとはお金持ちの別荘などだった）が多かったので、恐らく周辺の商店にとっては、そういう施設から来る大口の注文が重要であって、店に来る小口の客に気を使う必要がなかったのだろう。

やがて長女が生まれ、新しい環境にも慣れてきたころ、米国の子会社に赴任することになる。ランと老犬を母に預け、妻と赤ん坊を連れて米国に飛んだ。「家を建てると転勤する」というサラリーマンのジンクスが当たってしまった。

20年ほど前、逗子の自宅の庭にて。越してきた当時は１棟だったランの温室が３棟に増えた

「君しかいない」

一九六六（昭和四一）年四月、米国・ニューヨークにある資生堂コスメティックス（アメリカ）＝SCA＝に本社課長待遇の取締役社長として赴任した。その前年にできた資生堂の子会社で、社長は本社の社長が兼ね、日本からの男性社員二人が取り仕切っていた。そこへ私が常勤社長として派遣された理由は明るい話ではない。何カ月も本社に報告が来ない、という異常事態が起こり、現地へすぐ、二人を統括する責任者を送る必要があったからだ。外国部長から「この事態を解決できる人は君以外に見当たらない」と言われて仕方ないと思ったが、後になって「君しかいない」はこういう時に会社が使う決まり文句だと気付いた。

ＳＣＡの設立は一九六四年から六五年にかけてのニューヨーク万国博覧会に合わせて、百貨店のメーシーズ・ニューヨークが「遠東節＝ファー・イースト・フェスティバル」という大催事を企画したことに関係がある。メーシーズはこの催事にセイコー、ソニー、資生堂というＳの付く日本の三社を柱にしようと考えた。セイコーとソニーはすでに海外展開を軌道に乗せていたが、資生堂はその七、八年前から台湾、香港とハワイなどで小規模に販売していただけで、米国本土進出の手がかりも戦略もなかった。そこへ持ち込まれたこの話を会社は好機ととらえ、急遽、米国に子会社を立ち上げたのだ。

結果は「外れ」だった。遠東節の期間中は予想以上によく売れたが、終わると売り場は隅に追いやられ、百貨店にあった大量の在庫が返品となった。百貨店からは「売るためには自分たちで広告しなさい」と言われたが、経営難で販促・宣伝費など出せない。一方、見込みで本社に注文した商品が催事終了後も入荷したので、輸入手形を決済しなければならない。しかも当時、日本の外国為替管理法では、資生堂のような業種の場合、現地での増資・借り入れは禁止され、日本国内からの送金も原則不可能だった。

行く前に覚悟はしていたものの、実際は予想よりはるかに悪かった。二人の社員は私が来たことが面白くない様子である。会社設立時から奮闘して遠東節で一応の成果を上げながら、状況が悪化したので、苦労は報われないまま。そこへ突然、上の者が現れたのだから、不満を抱いて当然である。

それより問題はお金だった。銀行口座の残高はほとんどゼロにもかかわらず、手形決済日は迫っている。現地採用の秘書とセールスマンと美容部員（売り場の担当）には週給を払わなければならない。そのため私の給与を止め、日本人社員もその一部の支払いを先延ばしにさせてもらった。

私は予備としてひそかに持っていった外貨でしのぐことにした。昼食はハンバーガーかＢＬＴ（ベーコン・レタス・トマト）サンドイッチ。家では、英語がほとんどできない妻の代わりに私がスーパーマーケットで食材を買っていたが、カゴの中身はいつも一番安い鶏のもも肉とグレープフルーツだった。

苦戦の日々

資生堂コスメティックス（アメリカ）の窮状を、本社に毎日のようにテレックスを打ち、時には電話で訴えた。しかしいつも「現地のことは現地で解決してくれ。そのために君を行かせたのだから」などという返事しか来ない。とにかく頑張るしかなかった。

事務所はニューヨークの高級ショッピング街などが集まるミッドタウンにあり、朝は事務所に出向いたが、昼は百貨店のバイヤーに会いに行ったり、売り場を回ったりした。時にはファッション誌の美容担当の編集者と昼食をともにした。広告費がないので、資生堂についての記事を書いてもらうための活動は重要だったのだ。倉庫で、ランニングシャツとショートパンツ姿になって荷造りを手伝うこともあった。こうして社長でありながら営業部長、広報部長、総務部長などを兼務した経験は、本社に戻ってから大きな意味を持つことになる。

バイヤーへの売り込みが不調に終わることは珍しくなかった。先方は例えば、着物姿の女性が鳥居の前に立ってデモンストレーションをする、といった演出を望んでくる。米国企業に劣らない科学性や、高度な研究開発に裏付けられた品質の高さを訴えたい私たちとは、初めから考えがかみ合わない。

苦戦の理由は、最初にメーシーズという中堅の百貨店に入ったことも関係していた。米国の化粧品やファッショングッズの販売ではまずトップクラスの百貨店に入り、そこで成功させてから中流店に広げる、というやり方が常道とされていた。その点をいろいろな人に指摘され、「資生堂は永久に一流百貨店に入ることはできないよ」とまで言われたが、「それなら

資生堂コスメティックス（アメリカ）のオフィス。これで全社員

必ず覆してみせよう」と奮起したものだ。

悪戦苦闘するうちに扱ってくれる百貨店がだんだんと増えてきた。私が来た一九六六年ごろはメーシーズ・ニューヨークとその子会社の百貨店バンバーガーズの本支店合わせて四、五店だったが、二年半後には百貨店の数で三〇ほど、店舗数にしてその四、五倍はあっただろう。目標だった一流の店にも入ることができた。伸びた理由は、地道に資生堂の良さを訴えて回ったことに尽きると思う。

一対一で説明するだけでなく、バイヤーが集まる会議で話をさせてもらったこともあった。ニューヨーク女性広告協会の集会で講演もした。資生堂の広告の歴史を軸に、創業の精神や企業理念などを話した。経営のテクニックのような話に偏りがちな米国の経営者と違う、基本を大切にする内容が共感を呼んだのだろう。講演後、大きな拍手を浴びた。握手を求める人たちが長い列を作った。

後に取締役となった永嶋久子さんにも支えられた。永嶋さんは、米国進出当初から美容部員として現地の百貨店で働き、どうすれば米国のブランドに対抗できるのかを必死で探り実践していた。その基本はお客さまが満足することを第一に考える「おもてなしの心」である。新しく開店するたびに永嶋さんを派遣し、美容部員の採用、商品知識や接客などの指導に当たってもらった。こういう人がいたからこそ、次々と店を増やすことができたのである。

働き方教わったニューヨーク

ニューヨークの会社に勤務した一九六六〜六八年、この街のビジネス界で輝く人たちと出会うことができた。

例えば広告代理店コーキンズ&ホールデンのジョセフィーヌ・フォックスワース社長だ。私たちの会社は、何とか宣伝の予算が取れるようになったものの少額だったので、小回りの利くところを探して見つけたのがこの代理店である。米国広告界の最大手マッキャン・エリクソンの傘下にあり、女性社長のフォックスワースさんはこの親会社の会長に高く評価されていた。彼女とは気が合い友人としても付き合った。その世話でニューヨーク女性広告協会の総会の様子を見せてもらい、その鮮やかな進行から有能な女性の存在を実感したこともあった。

広告代理店コーキンズ&ホールデンのジョセフィーヌ・フォックスワース社長（中央）と歓談中

いろいろなタイプのバイヤーと接した中で、特に印象深かったのはメーシーズ本店の化粧品担当のキャリック・ヒル氏である。その前任者は、いつも約束の時間より三〇分も四〇分も待たせ、机の上にはコンピューターの集計表が高く積まれていた。その中から資生堂の商品リストを出すのがひと苦労で、やっと出てきたと思うと、あまり建設的でない話をするばかり。その人よりもはるかに若いヒル氏は、約束の時間は必ず守り、机の上には何もなく、その上に足を乗せてパイプをくゆらしていた。私たちの話を聞くだけで議論はしない。ただ、化粧品売り場の改装計画を話し「協力してくれ」と言って終わった。あれで仕事になるのだろうかと不安になったが、そのうち彼が言った通りの売り場の大改装が始まり、やがて全米の百貨店が注目する美しい化粧品売り場が実現する。日常の煩雑な作業に追われていることと、本当に仕事をしていることとは別だと教えられた。

会社では秘書との付き合い方も学んだ。在任中、女性秘書が三人代わり、それぞれに大いに助けられる中、秘書には仕事や判断の一部を任せることが大切だと知った。そうすれば互いの信頼が深まり、以心伝心に近い関係を築くことができる。それによって仕事の効率が上がり、使う側のメリットだけでなく、秘書にも自信や働きがいがもたらされる。端から見ると多少、人使いが荒いように見えるこの流儀は日本に持ち帰り、今も実践している。

本社から紹介され訪れる日本人旅行者も多く、土・日曜は社員が交代でニューヨーク案内をした。私は最初、この街について知っていることをできるだけ話そうとしたが、そのうち、説明は最小限にして、訪れた人からこの街で感じたことを聞くようにした。人それぞれ観点が違うので私にとってよい勉強になった。

セルフサービスストアの視察で来た福岡のベスト電器の北田光男社長と、熊本のスーパーマーケット寿屋社長夫人の寿崎アイコさんは、私や近隣の家族がどのような生活をしているのかに興味津々で、道路脇に停めた私の車の中で夜遅くまで話し込んだこともあった。二人の質問を受けながら、私がいつの間にか米国的生活が当たり前になっていることに気付いた。

〝隣人〟との付き合い

私たち家族は米国ニュージャージー州クリフトン市の一軒家に住んだ。広大なシコーカス湿地帯を見下ろすような丘の斜面に建ち、窓から湿地帯の方を見ると、そのはるか向こうにマンハッタンの高層ビル群が見えた。会社まではバスで一時間ほどかかる。この家はニューヨーク万博に資生堂が出展した時、手伝ってくれた日本人女性とその夫の米国軍人の家で、転勤するので借りてくれないか、と本社外国部が頼まれたのだ。

アメリカ転勤の場合、普通はまず単身で様子を見に行くのだが、すでにこの家を借りていたので特例として家族同伴でよいと言われていた。

ただし家賃は自腹。単純には喜べない。第一、自分で選ぶのなら、もっと職場に近い所にしただろう。しかし結果的にはこの家でよかった。マンハッタンでは得られないような、隣人たちとの人間的な付き合いを体験できたからである。

クリフトン市の人口は当時、四万人強。私たちの家は中流住宅用に区画された通りの外れにあった。日本人は市の反対側に、もう一家族いると聞いたが、離れていたので会ったことはない。

引っ越した当日にいきなり、一軒置いた隣の家の主人がやって来て「私はジミー。水道屋だ。直すものがあったらいつでも頼みに来てくれ」と声を掛けてくれた。実際、暖房や水道のトラブルの時には世話になった。

彼に限らず近所の住民はみんな親切だった。訪問販売のセールスマンが私の家のドアをたたくと、すぐに誰かが飛んで来て「このうちで商売しても無駄だよ」などと頼みもしないの

米国子会社に赴任中、一家で住んでいたニュージャージー州クリフトン市の家。安価なダッジ〝ダート〟は自家用車でもあり社用車にもなった

資生堂コスメティックス（アメリカ）社長在任中の家族のスナップ。ニュージャージー州アトランティックシティのボードウォークにて

に追い返してくれる。わが家は、いつも誰かに観察されていたのだろう。

住民相互の関係は、親や祖先の出身国や、同じキリスト教でも宗派の異なることが障害となり、良好ではなかったように思えた。

妻は英語があまりできないので、私がいない間は幼い長女と家にいることが多かった。すると近所の誰かが「コーヒーを飲ませて」と訪ねて来て、世間話をする。中身は大抵、近所の誰かのうわさ話だったとか。

その人が帰るとすぐ別の人が来て、同じようにコーヒーを所望し、同じように妻にうわさ話をしていく。私が夜帰ると、それを待ちかねていたように誰かが訪ねて来ることもよくあった。私たち夫婦がうわさを振りまいたりしないと信用されていたのか、彼らにとっては胸に溜まったものを吐き出す相手として好都合だったのだろう。おかげで妻はヒアリングの力だけは伸びていった。

そのうち、英語が話せない妻を気の毒に思った隣人が、外国人のための夜間の英語講座を受けてはどうかと勧めてくれた。講座は市内のハイスクールで週二、三回開かれていた。

学校に通う手段は車しかなかった。妻は国際運転免許証の用意がなく運転はできない。それに私の帰りは夜遅いのに、娘を預ける人もいない。そういう事情なら、と近所の人たちが交代で学校の送り迎えをし、娘の世話も買って出てくれることになった。

教室には一言も英語が話せない人も多く集まっていて、妻を驚かせた。講座の先生は妻のことを「こんなに文法ができる生徒は初めてだ。それなのになぜ、しゃべれないのだろう」と不思議がったそうである。

本社との対立

アメリカに赴任中、ランを通じて親友ができた。私たちが住んでいたクリフトン市の住民のリチャード・ジョストさんである。私が以前から入っていたアメリカ蘭協会の会員で、新しい名簿を見て同じ町に日本人会員がいると知り、電話を掛けてくれた。私がこの町に住んで初めての正月を迎えた時だ。

彼は私が日本にランを残してきたと知ると、一〇鉢ほど貸してくれたうえ、家の中で栽培する工夫も教えてくれた。一〇鉢ほどでも、毎日手を掛けて世話をするのは、仕事上のストレスが絶えない私にとって貴重な癒しの時間となった。

資生堂コスメティックス（アメリカ）は、私たち現場の人間の奮闘の甲斐あって、何とかひとりで立っていられるようになった。すると本社は、米国全土での積極展開案を立ててきた。一気に売り上げを拡大すれば、経常利益が黒字化して累積損失を整理できる、という机上の計画である。

このころ本社は毎期、利益予算を突破するなど経営状態が上向きだった。しかし国内のような潤沢な広告宣伝費も、販売の基盤である「チェインストアシステム」もないアメリカで、商品だけを供給してみても同じように売れるわけがない。

それまでにも私が本社外国部の命令に従わないことが続いていたので、子会社は皮肉を込めて「福原商店」と呼ばれていたようだが、今度こそ妥協できない。失敗して将来の赤字が膨らむのは明らかだった。私は、焦らずに段階を踏んで拡大していくべきだと主張し、「どうしてもこれを実行しろと言うなら私を代えてくれ」と迫った。

その結果、一九六八（昭和四三）年一一月、私は本社に戻され、代わりに拡大策推進派の外国部長が送り込まれてきた。ところが新社長は現場を見て、私の説に従うしかないと納得し、拡大案は宙に浮いてしまう。しかしこの後も赤字が続き、ついにアメリカ撤退論まで出た。いろいろなことがあったが、後年、そうした苦境をなんとか乗り越え、最終的には安定した。

子会社で、上が決めたことに敢えて逆らわざるをえない状況に追い込まれた経験は、その後、本社で机上の企画をつくる側に立った時に生かすことができた。私は、現場の情報や考えをできるだけ知るように努めたのである。

併せて、幹部候補の人材育成には現場と本社の両方を経験させるべきだ、と思うようにもなった。後に本社の社長となってから、子会社の責任者には定年間近の管理職より、将来が期待される人をできるだけ充てるようにした。

日本へ帰任する前に、二週間のヨーロッパ視察を本社から指示された。ボーナスの意味合いもあったのだろう。妻と娘は先に帰して、私ひとりでロンドン、パリ、ミラノの主要市場と、あこがれていたフィレンツェ、ローマ、アテネを回った。

パリではジバンシィで働いていたファッション・デザイナーの三宅一生さんに会った。三宅さんは資生堂のポスターの仕事に係わったことがあったが、私とは初対面だった。この街で一晩、食事を共にしたことがその後長く続く交友の始まりとなる。

第七章　国際化の推進

部長の権限を預かる

アメリカの子会社から本社に戻ると、チェイン部販売企画課長になった。部長は入社時の上司の高山富夫さんだ。高山部長からはその半年前、打ち合わせで一時帰国した際、「課長の空席ができたので戻ってこないか」と誘われていた。本社外国部との対立が深まる中、この話が心の支えとなったのは確かである。

この課は国内の販売会社のプロモーションを企画する部門で、課員は社内で最も多い四〇人近くいた。仕事もそれだけ多く、企画書に目を通すだけでも時間がかかり忙しかったが、米国での経験を踏まえ、販売の第一線の情報を集めるように努めた。

そのため、全国の販売会社を回り、セールスマンや美容部員に会って話を直接聞いたり、こちらの考えを相手に伝えた。毎月少なくとも一〜二社は訪問し、三年間で、九〇数社あった販売会社のほとんどを回ったと思う。課員にも、地元の店や出身販売会社の情報収集を促し、また課員それぞれの能力を伸ばすための勉強も勧めた。この課には「福原塾」の名が付いた。

一九七二（昭和四七）年四月に大野良雄さんが企画部長になると、私は次長によばれた。夜型の大野部長は朝型の私に朝から昼までの仕事はすべて任せる、と取り決めたため、私は午前中の会議や打ち合わせを取り仕切ることになったのだ。結論は部長に報告したが、ほとんど私に任せてくれた。つまり、半ば取締役部長の権限を預けられた形となったのである。一段上の能力が求められ、私は鍛えられた。そんな中で静岡県の掛川工場の新設、銀座のパーラー改革、ザ・ギンザ創設などを手掛けていくことになる。

戦災をくぐり抜けたパーラーのビルは一九六二（昭和三七）年に建て替えられて「資生堂会館」と名付けられ、パーラーのほかに美容室やギャラリーなどが入っていた。これを、パーラーを拡充させる形で全館をレストランと喫茶のビルへとリニューアルした。八階にはフレンチレストランを入れ、店名はフランス語で「柳」の意の「ロオジエ」とした。向かい側、七丁目の化粧品店ビルにはめ込まれていたステンドガラスを生かした内装も好評を得た。

化粧品店ビルは一九七五（昭和五〇）年に「資生堂ザ・ギンザ」に生まれ変わった。八階建てで、一階から四階までは化粧品に限らないファッション全体を扱うブティックにした。例えば海外の一流ブランドで国内ではあまり知られていないものなど、選りすぐりのユニークな商品を扱う。今で言うセレクト・ショップの先駆である。店名は「銀座」をモチーフにいくつか出た案から、私が一番に選んだ。この後、ネーミングに「ＴＨＥ」を付けるのが流行した。仲條正義さんがアートディレクターとなり、ロゴなどのデザイン面でも注目された。時流にもうまく乗って成功したのは幸いだった。

プロジェクトを次々と手掛け、実績を上げていた大野部長と私は、社内で「二重連結の機関車が会社を引っ張っている」などと言われていたらしい。しかし実際は、私も大野さんに引っ張られて疾走していた側だったのである。

インウイのヒット

一九七五（昭和五〇）年一月、企画部から商品開発部に移り、部長となる。在籍した三年間で手掛けた商品の中には失敗もあったが、成功した一つがメーキャップシリーズ「インウイ」である。「知的で高感度な女性」に照準を絞り、パッケージに資生堂の花椿マークを入れないで、「ＩＮＯＵＩ」という別のブランドに位置づけた。

市場調査で、働いている女性が求めているのはバッグに入れてもかさばらない化粧品と分かり、できるだけ小さく、薄さを追求した。その結果、厚さ八ミリの極薄コンパクト（白粉入り容器）や細長いスティック型の口紅が実現した。

コンパクトを薄くすると蝶番《ちょうつがい》の強度が下がり、口紅を細くすると折れやすくなる、などの問題が生じる。その対策のための技術開発にも取り組んだ。

同じようにターゲットを絞って開発した男性化粧品「タクティクス」も同時期に発売し、これもヒットした。

1976（昭和51）年発売の「インウイ」シリーズ

シリーズを出した背景には、資生堂の商品が、消費者の価値観の多様化などの変化に追いついていない、という実感があった。例えば、当時多くの女性の支持を集めたファッション誌「アンアン」「ノンノ」がカジュアルライフを提唱しても、それに見合う広告を載せるための商品がなかったのである。

対策を考えるうちに、アメリカの社

会学者ダニエル・ヤンケロビッチ博士のセグメンテッド・マーケティングという手法を知った。消費者を、従来の年齢や所得で区分するのではなく、価値観やライフスタイルの違いでグループ分けする。心理的な側面から消費動向などを調べる手法だ。

ヤンケロビッチ博士の研究所では米国人を対象に調査を行い、報告書を発表していた。日本はアメリカを追う傾向にあるので、この報告から日本の五年後、一〇年後を予測できた。その予測を踏まえて、特定の消費者層向け商品の開発を進めたのである。だが結果的に、「インウイ」は評判があまりによかったので、当初のコンセプトを薄めて大量に幅広く販売されてしまった。

また、外国部の求めに応じて、海外専用のブランドづくりにも取り組んだ。

当時、アジアなどの市場で消費力が高まり、フランスなどから輸入する高級品が売れるようになっていた。そのため資生堂がアジアなどで販売していた輸出専用商品群は一つ下のクラスに転落。しかも輸出を考えると、原価率は引き下げなければならない。検討の結果、「資生堂フェイシャル」「資生堂モイスチャーミスト」という二つのシリーズを出した。価格が高かったので当時の外国部長は「アジアでは売れるわけがない」と心配したが、どの国でもたちまち主力商品となった。

商品開発部では、ヤンケロビッチ博士が来日した折に講演をしてもらったり、商品に同梱する使用説明書を分かりやすくするため、部員に日本語を文法から勉強するよう求めた。製品開発課で名付けられた「福原道場」、販売企画課での「福原塾」に続き、今度は「福原学校」とよばれた。

「思いやり」を送る

一九七八（昭和五三）年二月に外国部（後に国際部）の部長に就き、ほどなく取締役にも就任した。

外国部はそのころ、元気がなかった。その一〇年前に私が勤務したアメリカの子会社はほんの少し持ち直し、日本からイタリアや香港などへの輸出も好調だったが、事業規模が小さいことなどから、成果が本社の決算にあまり影響せず、依然、赤字部門と見られて社内で肩身が狭かった。前任の部長は経費削減のため、海外出張の回数を減らしたりもしていた。

外国部の元気を取り戻すのが私の使命であると思い、まず、少なくとも月に一回は海外の市場を見て回った。費用が掛かっても、それが売り上げ増につながればよいと考えたからだ。部員にも「必要なら出張しなさい。その代わり、何か成果を持ち帰るように」と言って海外出張を促した。

現地法人の駐在員に「思いやりを送れ」という方針も打ち出した。私の米国勤務の経験から、駐在員が本社に求めるのは物ではなく、駐在員の身になった対応だと確信していた。そのため、駐在員からの問い合わせには、諾否にかかわらずすぐ回答する、無理な場合は「こういう理由で何日以内に回答します」などと答えるように指示を出した。

そのうち、現地法人を回ってきた部員から「駐在員と会って本題の話に入る前に、どこでも半日は本社の動静やうわさ話の確認などでつぶれる。会社のインフォーマルな情報に飢えているのだろう。そういう情報を載せたミニコミ紙を出してはどうか」と提案を受けた。いわば会社の「裏」の情報を流すアングラ新聞だから、私が指揮を執るわけにはいかない。自主的に出してほしいと願っていたら、その通りになり、私は寄稿という形で協力した。

当時、外国部は港区浜松町の貿易センタービルにあったことから「浜松町　ＨＯＴ　ＬＩＮＥ」と名付けられた。Ａ４判四ページ（Ａ３の両面印刷）の手作り新聞だったが、

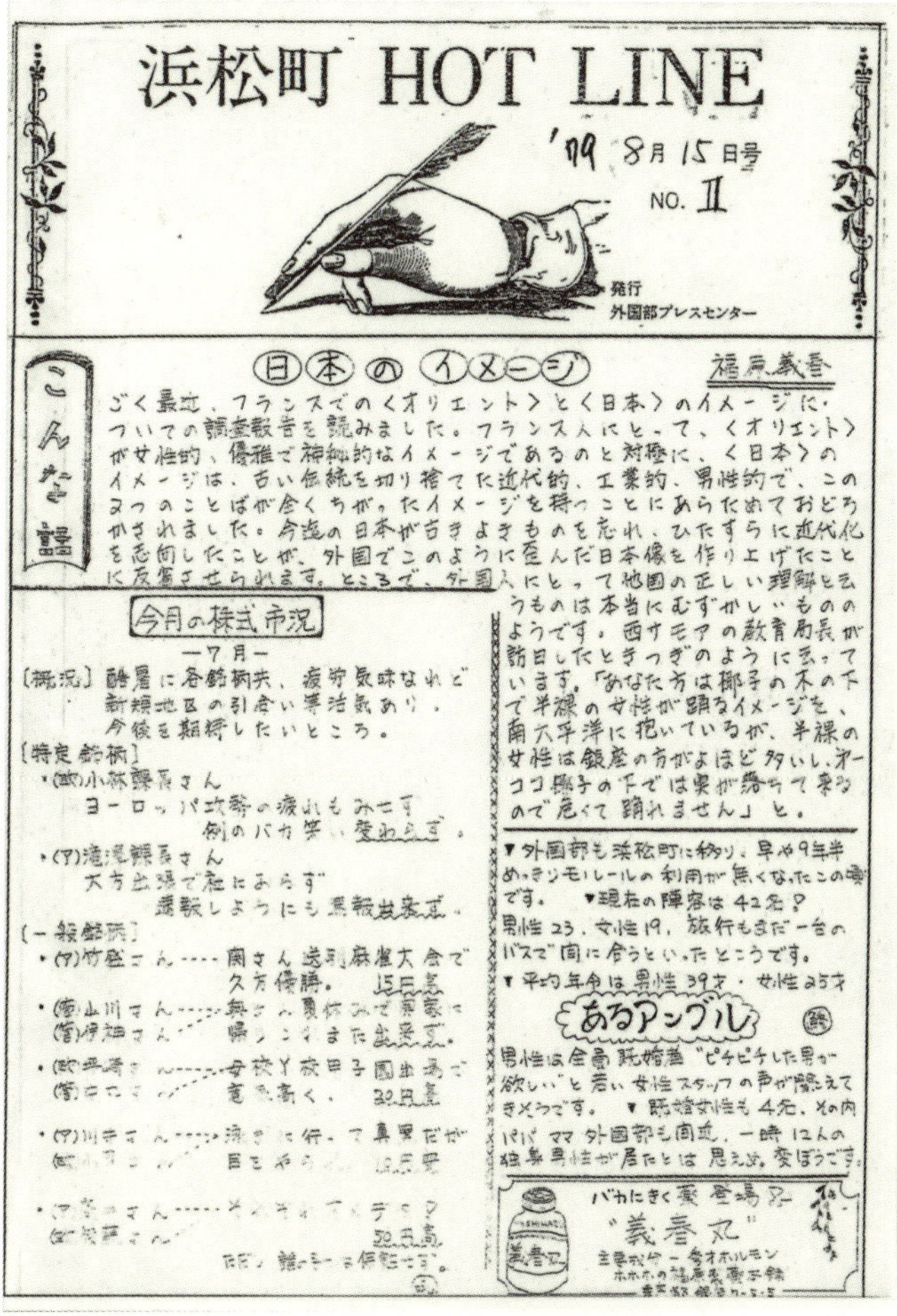

浜松町 HOT LINE

'79 8月15日号

NO. Ⅱ

発行
外国部プレスセンター

こんな話

日本のイメージ　福原義春

ごく最近、フランスでの〈オリエント〉と〈日本〉のイメージについての調査報告を読みました。フランス人にとって、〈オリエント〉が女性的、優雅で神秘的なイメージであるのと対極に、〈日本〉のイメージは、古い伝統を切り捨てた近代的、工業的、男性的で、この2つのことばが全くちがったイメージを持つことにあらためておどろかされました。今迄の日本が古きよきものを忘れ、ひたすらに近代化を志向したことが、外国でこのように歪んだ日本像を作り上げたことに反省させられます。ところで、外国人にとって他国の正しい理解と云うものは本当にむずかしいもののようです。西サモアの教育局長が訪日したときつぎのように云っています。「あなた方は椰子の木の下で半裸の女性が踊るイメージを、南太平洋に抱いているが、半裸の女性は銀座の方がよほど多いし、ヤーココ椰子の下では実が落ちて来るので危くて踊れません」と。

今月の株式市況

—7月—

〔概況〕酷暑に各銘柄共、疲労気味なれど新規地区の引合い等活気あり。今後を期待したいところ。

〔特定銘柄〕

・(欧)小林課長さん
ヨーロッパ攻勢の疲れもみせず
例のバカ笑い変わらず。

・(ア)滝沢課長さん
大方出張で在にあらず
連絡しようにも連絡出来ず。

〔一般銘柄〕

・(ア)竹屋さん……関さん送別麻雀大会で久方優勝。15円高

・(管)山川さん／(管)伊畑さん……揃って夏休みで実家に帰りこれまた出足ず。

・(欧)平崎さん／(管)中たさん……母校Y校甲子園出場で意気高く。30円高

▼外国部も浜松町に移り、早や9年半めっきりモノレールの利用が無くなったこの頃です。▼現在の陣容は42名？男性23、女性19、旅行もまだ一台のバスで間に合うといったところです。▼平均年令は男性39才・女性25才

あるアングル

男性は全員既婚者"ピチピチした男が欲しい"と若い女性スタッフの声が聞えてきそうです。▼既婚女性も4名、その内パパママ外国部も同些、一時12人の独身男性が居たとは思えぬ変ぼうです。

バカにきく薬登場乃
"義春丸"

外国部長時代に発刊された部内誌「浜松町 HOT LINE」の創刊号

一九七九年から八五（昭和五四～六〇）年まで続いた。外国部の日常をおもしろおかしく書いた記事や、海外出張のこぼれ話などが盛り込まれ、私は巻頭エッセーなどを書いた。

私や、このころ外国部担当専務だった大野良雄さんを含め、上司をからかうような内容もあった。しかしそれも新聞の持ち味と感じられたせいか、誰も怒ったりしなかった。駐在員本人よりも、なぜか奥さんに喜ばれたそうである。

このような対応が功を奏し、外国部と現地法人とのコミュニケーションが進み、すると各国の売り上げも自然と伸びていった。

私は出張するたびに、駐在員の奥さんたちと話し合う機会を設けた。部長の私が直接答えるだけで、家族が抱える悩みが解消することもあったのだ。子どもの進学問題も多く、相談に応じて帰国後、世話をすることもあった。そうしていると、部内のほかの人たちも、駐在員家族の相談などに乗って面倒を見るようになってくる。このことを通じて、上の人の態度が組織全体に影響することを実感したのだった。

ルタンス氏との出会い

私が商品開発を手掛けたメーキャップシリーズ「インウイ」の広告に、横浜出身のファッションモデルの故・山口小夜子さんが出演した。「東洋と西洋の融合」を基調とするこのシリーズのイメージに、山口さんは最適だと思われた。

打ち合わせの時など、人の指示に対する山口さんの理解が速く的確であるのに感心させられたのを覚えている。パリコレクションに登場し国際的なトップモデルとして認められた理由は、容姿の美しさだけでなく、頭の良さも関係していたのだと理解した。

一九七八（昭和五三）年に外国部長に就いて一年ほどしたころ、山口さんがフランス人セルジュ・ルタンス氏の手紙を私に届けてくれた。彼はメーキャップ、ヘア・デザイン、舞台衣装から映画や彫刻などと幅広い分野で活躍する総合クリエーターである。「インウイ」の開発過程でフランスの調査会社などと話した時に「化粧品界のすべての流行はルタンスから発信される」とよく聞かされたので、非常に関心のある人物だった。

手紙には「資生堂で仕事をしたい」とあった。何と魅力的な申し出だろう。

外国部ではフランス進出に取り組んでいる最中だった。パリの百貨店から引き合いが来たり、フランスの薬品メーカー、ピエール・ファーブル社からは提携の話が持ち込まれ、それに応じるための戦略を練ったりしていた。そういう中に、人気の高いクリエーターの協力が得られれば、大きな推進力になると思われた。

しかし当時、彼はフランスに本拠をもつ一流ブランドの会社と契約し、そのメーキャップ・イメージや流行色調の発信などを手掛けていた。そこから引き抜いたと見られれば、進出にとってマイナスとなる。そう考え、いったんは断った。すると数カ月後、ルタンス氏はその契約を解消し、今ではフリーになったと言って再び連絡してきたので、話を進めることができたのだった。

東洋の文化に惹かれていた彼は、日本かどこか東洋の化粧品会社の仕事ができないか、と考えていた。そのため、親友の山口さんや三宅一生さんたちに相談したところ、資生堂を紹介されたという。

初めて会った日、私たちは互いの美意識や世界観、歴史観が近いと感じてすぐに親しくなった。一九八〇年に正式契約をし、その後一〇年間、ポスターをはじめ、フランスでの宣伝広告全体のイメージづくりにかかわってもらうことにした。

広告に十分な予算が取れないのなら、インパクトを与えることが大切だ、というのがルタンス氏の考え方であった。最初につくったポスターは、漆黒の背景に赤い円と、その円を抱え泳いでいるように見える女性のイラストで構成されている。商品の写真などは全くなく、国内の資生堂のイメージと異なるので、社内では理解されにくい面もあった。

1990（平成２）年ころ、ファッション誌の企画で対談したセルジュ・ルタンス氏（左）。銀座・旧資生堂パーラービル８階レストラン「ロオジエ」にて

しかしフランスでは彼の資生堂での仕事が高い評価を得るようになり、社内の考え方も変わっていく。初めに「一〇年後には国際的知名度を高めることができる」と言ったルタンス氏の約束は果たされたのである。

フランス進出

総合クリエーターのセルジュ・ルタンス氏と正式契約した一九八〇（昭和五五）年、資生堂と薬品メーカー、ピエール・ファーブル社との合弁による資生堂フランスを設立した。

こうして態勢が整うと、パリの代表的な百貨店ギャラリー・ラファイエットとオ・プランタンで化粧品販売を始めた。私が商品開発部時代に手掛けた海外専用ブランドは、この国でも好評を得た。

フランスは、市場の規模ではアメリカよりはるかに小さいが、質的には重要である。ファッションや化粧品の発信地であり、ここでの評価は世界に広がるからである。

パリに出店すると、新聞・雑誌などのメディアの取材を受け、それが報道されると、早くから進出していながら苦労が続いていたアメリカを刺激した。中東や南米などの、フランス文化の影響の強い国でも反響があった。それは事前の予想をはるかに超えていた。

フランス進出は、これ以前に、イタリアの市場で一定の地位を築いたのが基になっている。それが評判になり、パリの百貨店から引き合いがきたのが最初の足掛かりであった。

ヨーロッパのマーケティングの専門家から「なぜイタリアが先で、その後フランスに入っ

パリの百貨店オ・プランタンの資生堂コーナー。1980（昭和 55）年、出店して間もないころ

たのか」と何度か聞かれた。まずヨーロッパの中心地に入るのが常道ではないか、と。確かにそうだが、結果論で言えば、いきなりフランスに入ったら、失敗した可能性が大きい。まだ海外向けブランドを持たない時期であれば、すぐに撤退を迫られたであろう。

私が外国部長に就く前に、ヨーロッパではイタリアのほかオランダでも取引をしていた。それらの国で試行錯誤を重ね、戦略の見直しなどを重ねた経験は、フランスでの販売を軌道に乗せることに貢献した。

フランス進出の準備中、会社名と「ＳＨＩＳＥＩＤＯ」のロゴタイプをこの国でもそのまま使うのか、という議論が起きた。しかし、フランスの業界の専門家らは「アールヌーボー風の曲線を利かせたロゴタイプは、今の時代にこそ新鮮さを感じさせる」などと答えた。社名もそのままで問題ないと言われ、今日まで「シセイドー」で通している。

フランス進出と同じ年、資生堂ドイチェラントも設立し、ドイツ進出もスタートさせた。フランスと違って一〇〇パーセント子会社である。

ドイツ進出も、始まりは百貨店からの働きかけであった。進出後、しばらくは赤字を覚悟しなければならない。同時に進めると、一度に二つの赤字を抱えることになる。ドイツはフランスの足場が固まるまで一～二年待つべきではないか、と考えた。しかし外国部担当専務の大野さんは「やりたいと言ってきた時がタイミングだ。商機を逃すな」という意見だった。

両国は、売れる商品も販売体制も異なるので戦術などは別々である。私の言った通り当初は苦労したが、やがて安定した。市場の発展という点ではフランスよりドイツの方が早かった。

北京から届いた打診

このようにしてフランスとドイツに資生堂の現地法人が立ち上がった一九八〇（昭和五五）

年暮れ、北京を訪れた。資生堂にとって非常に重要な、中国市場を切り開く第一歩である。

そのころ、中国と取引のある貿易会社の社長から、中国が資生堂に関心を寄せている、という情報を得た。同じころ、ファッション関係の中国視察団に参加した資生堂総合美容研究所の高賀富士子所長（当時）が、「米・仏の会社は来るのに、日本からは来ませんよね」という北京市第一軽工業局からの、いわば打診を持ち帰る。それらを受けての訪問であった。

北京市第一軽工業局は化粧品や歯磨き、靴墨、ワインなどの製造を所管しており、当時、重工業優先の政策により、軽工業にはまったく投資がないので苦労していた。

先方の第一の要望は、外国人専用の友誼《ゆうぎ》商店（ドルショップ）などで資生堂製品を販売することであった。ヨーロッパの大使館員は、日本に駐在した後、中国に赴任する例が多い。日本で資生堂になじんだ外交官夫人らの需要が見込まれた。この話は進んで翌年から販売されたが、商売は限定的であった。

もう一つの要望が、中国市場向け製品の現地生産である。しかし資材調達や技術水準から見て、すぐに工場を建設するのは難しく、また資生堂としても投資は出来ない。話し合いの末、空いている工場の設備と人員を任せてもらい、資生堂の技術供与による生産を始めることに決まった。

そこでまずトライアル生産をして、事業化に進む段階で私たちは、シャンプーとリンスの生産を提案した。北京の気候や人々の生活ぶりから考えて、それが適当だと判断したのだ。すると第一軽工業局は、さらに口紅などのメーキャップ化粧品も加え、その上、技術供与ではなく資生堂ブランドとして生産してほしい、と求めてきた。

それは時期尚早である。技術供与による生産の段階で、中国の人たちに基礎技術を指導するのが当面の目標であった。

「千年前、あなた方の祖先は日本に『百年の大計』という考え方を教えたではないですか。目先の成功だけを考えないで時間を掛けて徐々に実現しましょう」。

そう説得した。

交渉の合間に街を見て回った。誰もが人民服を着て、化粧をした女性は一人もいない。デパートの化粧品売り場には人民解放軍の若い男性が群がり、除隊や休暇で帰る故郷へのお土産を買っていた。手にしているのは、量り売りでビニール袋に詰められた、ピンク色のクリームであった。

これはひどい。日本人とも、香港やシンガポールなどの中国系の人々とも、生活レベルが違いすぎる。中国の思想を社名に掲げる企業として何かできないだろうか。その思いを率直

1980（昭和 55）年ごろ、北京市第一軽工業局と交渉中（左手前）

に中国側に伝えた。

「私たちは株式会社であり、株主に対し責任があるので損をさせられては困ります。しかし、私たちが一方的にもうけようとは思いません。中国の皆さんの生活レベルを上げるためのお手伝いをしたいのです」

その後、中国でさまざまな困難に出合ったが、この思いは変わらなかった。

一歩ずつ積み上げて

一九八〇（昭和五五）年暮れ、初めて北京の空港に降り立った時、故郷に帰ったような気がした。出迎えに来ている人たちの、素朴で温かみのある表情に親しみを覚えた。東京生まれの私に、もしも田舎に実家があって、そこへ盆暮れの休みに帰ったとしたら、このような感じなのだろうかと思った。

振り返れば、子どものころから漢詩や古典を通して中国の歴史や思想に親しんできた。疎開先で読んだ父の蔵書の中には、中国の怪異譚《たん》を集めた『聊斎志異《りょうさいしい》』があり、庶民に伝わる神仙の話に魅せられた。大人になってから新訳の『史記』を読んだり、孔子や老子、荘子の思想について学び直したりした。

このような経験から私の中で培われた中国に対する価値観が、事業の進め方に影響したのである。まず、中国の人々の生活レベルが上がるように何とかしたい、と思った。さらに、このような状態が続くわけがない。いつか必ず、中国がアジアの中で大きな市場になるはずだ、という「道理」のようなものも、私の心を突き動かした。

一九八三（昭和五八）年、北京市の試験工場で資生堂の技術協力によりシャンプーとリンスの生産を始めた。ブランド名は「华姿（ファーツー）」と決まった。「华」は中華人民共和国の「華」の簡体字、「姿」は資生堂の「資」と音が同じ文字である。「資」は資本主義を連想させることから避けられた。

ただし、資生堂という社名は中国進出に好都合であった。「易経」から採った言葉で、それを知る人には「この世のすべてのものを資源として、新しいものを創造する」というようなイメージが想起されるはずだ。「生活に資する」つまり「ライフスタイルをサポートする」とも理解できる。また「堂」には薬局という意味もある。このように企業理念や特色が文字だけで伝えられるのだ。

「华姿」の商品はすぐに、中国の消費者に受け入れられた。生産する商品の種類も段階を追って増やし、また生産の場も試験工場から、当局の傘下企業の麗源公司の工場に移された。一九九一（平成三）年には、麗源公司と資生堂との合弁会社が設立され、数年後、資生堂ブランドの現地生産を始めることができた。

私は一九八三（昭和五八）年に常務となり、北京の合弁会社設立の時には社長に就いていた。そういう変化の中で、かつて中国側の実務担当として会った人たちの地位も高くなっていた。外国と交渉する場合、最初に国の高官らと会い、トップダウンで進める方がやりやすいのは確かである。しかし、政変などで大きな人事異動が起き、振り出しに戻る例も多いと聞く。

私たちはそういう偉い人との接点がなかったので、実務レベルで納得行くまで話し合いを重ね、一歩ずつ積み上げていった。時間はかかったが、それによって築かれた信頼関係は非常に強いものである。しかも後には、中国政府の中枢部にもつながるような人脈にもなった。

同好の会で学んだこと

一九七八（昭和五三）年から五年間、外国部（後に国際部と改称）の部長をしていたころ、地域でも、「鎌倉蘭友会」というランの愛好家団体の会長を務めていた。

趣味を通じた仲間を地元でもつくろう、という軽い気持ちで入会したのだが、そのうち、当時の会長に副会長が不信任動議を出す事態が起きた。中立の立場にいた私は、収拾のため会長に就いてほしいと頼まれ、一期だけの約束で引き受けた。ところが、次に会長になるはずの副会長が亡くなられ、結局一〇年余り会長をしていた。

会の活動の中心は月一回の例会で、専門家を招いて勉強したり、仲間同士で出品したランの花の人気投票や批評をし合う。会員数は一〇〇人ほどで、常時参加するのはそのうち四〇人前後であった。資生堂と比べれば極めて小さな団体だが、この団体を預かる立場になって、学んだことは大きい。

普通の会社と、このような同好の士で組織された団体とでは、正反対の面がある。会社は社長が社員に給料を払い、社長の意に沿わなければ社員を更迭もできる。一方、同好の仲間の会などでは、会費を払うのは会員で、気に入らなければやめて行くのも会員である。やめられては組織が成り立たないから、そうならないよう努力するのが会長の役割なのだ。

こういう原理が見えてくるに従って、運営はしやすくなった。大切なのは、会員に感謝を忘れないこと、それに、何かを手がける時には全員の気持ちが一つになるようにすることである。大変な時もあったが、会社という組織を外から考える機会にもなり、企業の経営に大いに役立った。

社長になってから、社員に町内会やＰＴＡ、今で言うＮＰＯのような団体とできるだけかかわるように、可能なら会長や役員を引き受けるようにとよく勧めたのは、こうした自身の経験によるものだ。

一九八三年（昭和五八）、常務に就任した。商品開発、国際などのこれまで手掛けた部門に加え、宣伝なども担当した。

宣伝担当として、資生堂の企業文化誌「花椿」が主催する「現代詩花椿賞」の制定にも携わった。言葉を大切にする、という視点から現代詩の世界を応援しようと設けた賞である。賞のコンセプトや選考方法などは、詩人で評論家の故・宗左近《そうさこん》さんと相談をして決めた。

賞の対象は、その年度に刊行されたすべての詩集である。その中からまず、四人の選考委員がそれぞれ候補作を挙げる。次に選考委員同士で議論して受賞作を決める。委員を四人と偶数にしたのは、論議を尽くさないまま多数決で決めるのを防ぐためである。また、選ばれる作品の傾向などが固定化しないように、選考委員を毎年一人ずつ入れ替えることも定めた。

二〇一〇（平成二二）年秋には、第二八回目を迎えた。これまでの受賞作品は二八にのぼる。この賞を取った後で有名になった新人から、第一一回で受賞した逗子市の高橋睦郎《むつお》さんのようなベテランまで、さまざまな人の詩集が選ばれている。初めにコンセプトをしっかり固めたことが、今日、現代詩の賞として高い地位を築いた一因だと思う。

第八章　社長の役割

私に務まるだろうか

常務となった翌年の一九八四（昭和五九）年、当時の山本吉兵衛社長が急逝され、大野良雄さんが後を継いだ。私は八五（昭和六〇）年に専務、八七（昭和六二）年には副社長と役職が代わったが、大野社長の参謀役を務め続けた。

大野さんは戦前のヨーロッパ映画に詳しく、主な映画の監督はもとより、脇役の出演者まで記憶し、場面によってはせりふも覚えていた。国際部担当専務の時に、その知識を披露したり映画論を語ってフランス人を魅了した。

こうした知識、教養が大野さん独自の人脈をつくり、資生堂のイメージ形成にも貢献した。社長になると、社内では企画・広報畑出身の特色を発揮して存在感を高め、マスメディアの世界でも信頼されていた。

大野さんの指導力や人を惹き付ける力をそばで見て、私は参謀タイプで、リーダーには向いていないと感じていた。

副社長になると、私は万が一の時には社長の代わりを務めるのも覚悟したが、そうなっても、次の人に引き継ぐまでの短期間だろうなどと考えた。第一、頑健に見え、毎日のようにプールで泳いだりして健康維持に努めていた大野さんに、代役が必要になる事態は想像もできなかった。

しかし一九八七（昭和六二）年春の大型連休の時に、体調不良を訴えた大野さんは精密検査のため入院し、そのまま退院することなく七月一二日に亡くなった。この翌日、臨時取締役会で私の第一〇代社長就任が決まった。

1987（昭和62）年、資生堂社長に就任して間もないころ

就任は、取締役会の前に開かれた相談役会で内定し、会長から直接、私に伝えられた。決まったからには受けなければならない。しかし「私に務まるのだろうか」という不安に襲われ、しばらくはぼう然としていた。

後に、このように大役を言い渡された時、誰でもいったんは尻込みするものだと知った。しかし任せた方は、その人の力量を見込んでそうしたのだから、思い切ってやってみれば何とかできるものである。実際、私もそうであった。

決定から数日後、人気俳優の石原裕次郎さんが亡くなった。真夏という季節とそのニュースにより、裕次郎ゆかりの湘南の海に世間の関心が向いた。

そのころ、私の社長就任の記者会見も行われた。

会見では率直な心境を自分の言葉で表現しようと考え、海のイメージを組み合わせてみた。「みんなで泳いでいたら突然大波が来て、私一人、浜に打ち上げられたような気持ちだ」と。これが受けて、多くの新聞のコラムなどで取り上げられた。

あいさつ回り、大野社長の社葬など、表に出る仕事を次々とこなしたが、その裏でも急いで取り組んでいる事案があった。

資生堂はこのころ、一二期連続の増収・増益であった。しかし、流通過程である販売会社と販売店の在庫が過大になっていた。この状態を放置するのは危険である。私は「連続増収増益」を一時休んで、抜本的な改革をした方がよいと考えていた。

この考えに以前から賛成してくれた同期入社の故・松田和光常務（当時、後に副社長）の協力で、改革の下準備をひそかに進めていた。

私の使命

社長に就任する数年前、山本吉兵衛社長の時代から、私は会社の硬直化を感じていた。その最大の原因が流通過程の過大な在庫であった。売り上げをつくるために、商品を無理に売り込んだ結果である。

役員会では時々「いったん立ち止まって整理すべきではないか」と発言していた。しかし山本社長も、次の大野良雄社長もこれを取り上げなかった。大野社長は逆に、宣伝・販促費を増やして積極的に売ることで市場在庫をさばかせる、という考えだった。それを理解してから私は「それならばそれでよし」と思い、その策に協力するつもりでいた。

しかし大野社長の急逝で振り出しに戻った。私の手でやるのなら、前から主張している「ひと休みして再出発」である。実行するのは、この時期に社長となった私の使命といったものではないのか。その考えが私を励ました。

もう一つ、力になったのが妻の父の言葉だ。医師の義父が手術を受けるというので見舞いに行くと、義父は手術の持つ二つの意義を話してくれた。

一つは、患部を取り除き病気の原因を絶つこと、もう一つは、病人が「これで治る」と希望を持てるようになることで、こちらの意義の方が実は大きいのだと。私がやろうとするのは、いわば会社の手術であり、販売にかかわる人たちのやる気を高めるのにもつながる。そう信じることができた。

どういうシナリオで改革を進めるかは、当時の松田和光常務が作った社内チームにより、いくつかの案が出された。検討の結果、三年かけて余分な市場在庫を引き取り、当期の経常利益は半減というシナリオに決めた。

計画は臨時役員会で何度か話し合った。「会社のイメージをいったん損ねたら、そのまま坂道を下るように悪くなるのではないか」「一気にやらないで、徐々に改善したらよいではないか」などの異論も出た。それに対しては、「これまでもいろいろ努力はしてきた。それでも良くならないのだから、改革しようとしているのだ」と訴え、やっと決定した。

その年の一〇月一四日、当期業績の大幅下方修正の記者発表を行った。案の定、株価は急落した。在庫削減は、今では当たり前になっている「リストラ」に当たる。しかし当時、経営立て直しのため一時的に利益を減少させる手法は理解されにくかった。

この会見の少し前、ある企業の粉飾決算がニュースになった。資生堂も在庫削減の名目で不良資産を整理するのではないか、と勘ぐられたりもした。

新聞でさんざんたたかれ、お先真っ暗になった。ところが五日後の一〇月一五日、「ブラックマンデー」と名付けられた世界的な株価大暴落が起きる。もう資生堂のことは問題にもならなくなった。減益発表後、私へのインタビュー依頼が殺到していたが、この日以降は、皆キャンセルになった。さらに、在庫削減を前向きに報道する記事が出たので、自信もついた。

「資生堂をよろしく」

在庫削減のための減収減益の記者発表をした直後、神奈川県の大船工場（現・鎌倉工場）

へ打ち合わせに出掛けた時のことである。帰りに大船の販売会社に、事前に連絡をしないで立ち寄った。

夜八時ごろで、課長たちは外勤の課員が戻るのを待っていた。私と顔を合わせた課長が、小売店を回っている課員から聞いた話をしてくれた。ある店に、資生堂研究所に勤める人の奥さんがよく買い物に来ていて、ある日「資生堂をよろしく」と声をかけて帰ったという。言われた店主が感動して、課員に話してくれたのだ。

販売部門ではなく、日ごろ売り上げと直結しない仕事をしている研究所の所員の夫人である。そういう人でも会社のことを考えて行動している。こういう会社なら大丈夫だ、と私は勇気づけられた。この話は、何を話すでもなく二言三言交わしている時に出てきた。そういう会話の大切さも、この日の体験で実感した。

例の記者発表の翌月に、経営改革室を設置した。室長は私が任命し、室員は三〇歳以下の社員を対象に公募した。全国から一一五人の応募があり、論文審査で男性二人、女性一人を選んだ。

この組織ではまず「ニューSHISEIDO計画」と名付けた経営改革の方針を発信した。在庫削減は改革のシンボルであって、すべてではない。ほかにも新規事業の開発、メーカー志向から消費者志向への転換、組織の柔軟化、人材の発見などさまざまな柱を掲げた。

社内のコミュニケーションを円滑にする取り組みにも力を注いだ。社内規定をすべて見直して、不要なものを廃止するとともに、社内風土の刷新策もいくつか実行した。

その一つが社員同士、たとえ社長でも敬称の「さん」を付けて呼ぼう、と提唱した「さんづけ運動」である。鎌倉蘭友会の会員にソニーに勤める方がいて、当時の名誉会長を「井深さん」、会長を「盛田さん」と呼んでいる。聞くと社内ではこの呼び方が普通だと知り、うらやましく思った。職名を付けずに呼び合うことで、自由に意見が言い合える職場の環境づくりも促したいと考えたのである。

この呼び掛けに、研究所では一日で「さんづけ」に変わった。しかし、ようやく役職を得ながら、その職名で呼ばれないことに不満を抱く人も少なくない。そういう上司のいる部署や販売会社では浸透しにくかった。

でも——私は思った。あと一〇年もすれば「さんづけ」を始めた年以降に入社した人が過半数を占めるようになり、会社全体が自然と「さんづけ」になっているだろう。会社が方針を変えない限り、改革は遅れても後退はしないのだから焦ることはない、と。

「ファッション産業を担う社員が個性を殺すような制服でいいのだろうか」と服装の自由化

も進めた。また、既存の重厚な社歌とは別に、誰もが気軽に歌える「第二社歌」のようなものをつくろう、というプロジェクトで、私が歌詞公募のポスターのモデルに借り出されたこともあった。

言葉を贈る

社長に就任したころ、資生堂グループ全体で二万数千人の社員がいた。その一人ひとりに経営改革の理念が届くようにすることも、大きな課題であった。

社長就任の翌年一九八八（昭和六三）年一月初め、社員全員に「皆さんとともに」と題し「お客さまの喜びをめざそう」などと印刷したテレホンカード大のカードを贈った。「このカードでは電話も掛けられないし、お金も引き出せないが、無限に知恵を引き出せる」という説明も添えた。

初め、スローガンを書いたテレホンカードを検討した。ところが今と違い、作成に数カ月かかるという。時間がない上、経費が膨大である。それで考えたのが「ゴールドカード」と

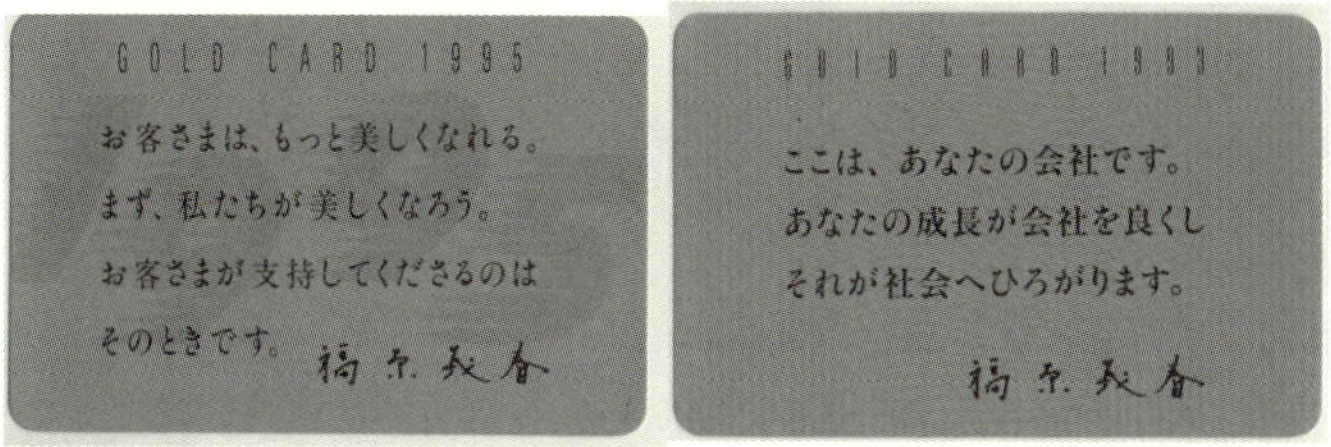

社長時代に毎年１月（92年を除く）、全社員に贈った「ゴールドカード」。左が93（平成5）年、右が95（平成7）年に贈ったもので、その年ごとにメッセージを書いた

名付けたこのカードである。

以前、詩人の大岡信さんの著書『ことばの力』を読んで、言葉には人を動かす力がある、と考えるようになった。ゴールドカードを思い付いた時、これを贈ることは、言葉の力によって社員に何か働きかけることができる。言葉は、私が全社員に届けられる贈り物なのだ、と気付いた。

以後、社長を退く一九九七（平成九）年まで、毎年一月に、その年のテーマなどを記したカードを贈り続けた。九六年に調査したところ、社員の約八割が常時所持し、時々参照する人も少なくない、という結果だった。

創立一二〇周年の九二年だけは、カードの代わりにフランス人作家ジャン・ジオノの書いた『木を植えた人』という本を贈った。荒れ地で暮らす羊飼いが毎日どんぐりを一〇〇粒ずつ植え続け、森をつくってしまうという寓話である。環境問題を訴えているとも受け取られるが、ほかにも生き方、社会の構造、戦争の問題など多くの論点を含んでいる。

この本は初め、経営改革室の室員から私に、このような話を書いて社員に配ったらどうか、と提案されたが、素晴らしいのでこのまま贈ろう、ということになった。

この本は原語のフランス語のほか日本語や英語、中国語など多くの言語に訳され出版されている。世界各国の社員に、それぞれの母国語の本を贈ることができたのも好都合だった。

「この本を通じて、皆さんに私の心を贈りたい。私もこの本の心を大切にして、皆さんと一緒に、まず会社の中に木を植えたい。そして会社の働きを通じて社会に木を植えたい」という意味の手紙を添えた。社員からは手紙やファクスなどで反応が寄せられ、同じ物語を読んでも、人それぞれ感じることが違うことがよく分かった。

一九八八（昭和六三）年夏には全社員に、ねぎらいや今後の経営ビジョンなどをつづった七枚の手紙を送った。手書きの文字をそのまま印刷したものだが、この時も「社長から手紙をもらい、驚いた」などと多くの感想が寄せられた。

それを受けて人事部は社内報に用紙を付けて「社長に手紙を書こう」と呼び掛けた。そしてまた多くの手紙をもらい、その一つ一つに返事を出した。大変だったが、改革の支援者を増やすことにつながった。

女性の評価を正しく

人事制度の改革にも毎年のように取り組んだ。

一九八八（昭和六三）年には、一人ひとりの業務ペースに合わせた仕事ができるように、フレックスタイム制度を導入した。九〇（平成二）年には、将来どういう方向に進みたいか、社員の希望にできるだけ配慮した人事を行う選択型人材育成制度を設けた。九一（平成三）年には、有給休暇を取りにくい状況でも頑張っているような社員が、一週間まとめて休みが取れる連続休暇制度を設けた。

九〇年にはまた、育児休業制度を導入した。育児・介護休業法の制定はその翌年であったから、先駆的である。九一年には、子どもが小学校に入るまでは就業時間を二時間短縮できる育児休業制度、九三（平成五）年には介護休業制度も整えた。

フレックスタイム制を導入したら、女性社員から「おかげで、小学生の子どもと一緒に朝食がとれるようになった」という喜びの手紙をもらった。人事改革では、女性がより働きやすい職場づくりも目指していたので、こういう反応はうれしかった。

資生堂は、お客さまに女性が多いだけでなく、社員に占める女性の割合も大きい。創業間もないころは、創業者の祖父が家業以外の活動で忙しかったので、資生堂薬局は祖母の徳が切り盛りしていた。それほど女性の存在が大きい会社である。しかし社長になる以前から、女性社員の人事評価や人材育成などに問題があると感じていた。

女性だけを重視すべきだとは考えていない。男性、女性にかかわらず、能力のある人がそれに見合う正当な評価を受けるべきだ、と言っているのだ。しかし現実は複雑である。例えば、管理職に次の管理職候補を申告させると、女性の名はまったく挙がってこなかった。その理由は、女性の力を軽く見ているのではなく、むしろ、ライバルと見ていることも一因のように思われた。

こういう意識の問題に対しては、社長を退いた後に人事部内に、男女間の人事格差に取り組む専門の部署が設けられた。日本企業全体にも見られることだが、今日の資生堂の女性の管理職登用は、二〇年前と比べてかなり進んでいる。

社外での女性の支援としては、一九七九（昭和五四）年に始まった東京国際女子マラソンを二〇年間、一社単独で協賛してきた。

この大会では資生堂の選手も活躍した。中でも、第一三回大会で資生堂選手として初めて優勝した谷川真理選手が有名である。加えて第一回から最終回となった二〇〇八（平成二〇）

年までの間（〇九年から横浜に引き継がれた）、二七回の最多出場を果たした松田千枝選手も、大会の歴史に名を残した。

松田さんは結婚後、ご主人のジョギングに影響されてマラソンに目覚めたという。子どももいて、子育ても資生堂の仕事も普通にこなしながら、スポーツという、もう一つの世界で誇るべき記録をつくった。その成果は会社の外で上げたものだが、会社にも、企業のイメージアップや社員のモラル向上などの形で利益をもたらしたと思う。

資生堂が20年間、単独協賛をした東京国際女子マラソンの第１回。1979（昭和54）年、国立競技場にて

企業と文化を考える

私は創業者の孫ではあっても、初めから社長へのレールが敷かれていたわけではない。ただ、社長になってからは、創業者一族としてやるべきことがあると感じ

た。会社の原点をたどることである。何を目的に創業され、社会に対して何をしてきたかを徹底的に問い直した。

その結果、資生堂は関東大震災、太平洋戦争など何度か危機に遭い、そのたびにかえって強くなってきたことが分かった。こうした歴史の中で培われた企業文化を大切にするのは、経営にとって重要だと考えるようになった。

会社の外の文化とも深くかかわってきたのも、歴史の特色である。資生堂ギャラリーで若いアーティストに発表の場を提供するなどの芸術文化支援活動は、社会とのつながりを強めた。商品や広告活動が、外部の文化に影響をもたらすこともあった。

資生堂にとって文化は、資本の三要素のヒト、モノ、カネに並ぶ第四の経営資源となっているのではないか。それならば、お金を管理する財務部があるように、企業内部の文化の確認・活用・蓄積や、将来の文化発展の方向性の管理などを担当する部門があるべきだと考え、一九九〇（平成二）年、企業文化部を創設した。また九二（平成四）年の創業一二〇周年に当たる年には、企業文化の蓄積・編集・発信を担う機関として、静岡県掛川市に「資生堂企業資料館」を開館。創業以来の商品パッケージやポスター、銀座に関する文献などを収集・保存し、一部を公開している。

静岡県掛川市に建つ資生堂企業資料館

企業文化部では、社外の文化活動の支援なども担当している。つまりメセナ活動である。その普及・啓発などに取り組む企業メセナ協議会の発足にも、私はかかわった。

発端は一九八八（昭和六三）年一一月に京都で開かれた「日仏文化サミット'88」である。フランスの文化コミュニケーション省と朝日新聞社の共催により、八四（昭和五九）年から隔年で開催されていた。私は朝日新聞社の伊藤牧夫副社長（当時）の依頼で、八七（昭和六二）年にパリで行われた準備委員会に参加した。この経験がその後の私の活動にとって大きな意味をもつことになる。

準備委員会の時に私は、企業と文化について短いスピーチをした。それがフランス関係者の考えと合ったのだろう。翌年の日仏文化サミットのテーマは「文化と企業」に決まった。サミットが開かれた時、私は経営改革で忙しかったが、役員たちに頼んで三日間、会社を離れた。実はその三日間でこの後の経営改革のシナリオを頭の中で作ったのだ。

期間中、フランス側代表の一人で、ADMICAL（商工業メセナ推進協議会）のジャック・リゴー会長から「自分たちの連携相手となるような団体が日本にない。組織してはどうか」と提案された。それを受けて経営者や文化人らが中心となり、一九九〇（平成二）年に企業メセナ協議会が発足した。

初めは昭和電工名誉会長（当時）の鈴木治雄さんが会長で、私は理事の中で一番若いという理由で理事長を任された。

メセナ活動は、当面の直接の利益には結び付かなくても、企業イメージを高めるなどの確かな効果を生む。この二〇年間で、活動に対する理解は、日本の企業と社会の中に着実に浸透してきたと感じている。

商品開発や新規事業

社長就任早々に行った在庫削減の「大手術」は、経過は良好だった。販売担当者の意欲を高め、小売店には喜ばれ、販売は徐々に活性化した。かつてアメリカの子会社で経営難にあえいでいた時、在庫を出荷した途端、資金繰りが良くなり、商品を回転させることがいかに大切かを身をもって知った経験が、経営改革のもとになった。

販売状況の好転は収益構造の改善も促した。バブル期の企業の特徴の一つであるが、資生堂でも営業利益の不足のかなりの部分を、営業外の余剰資金の運用で補っていた。その構造を、営業外利益の割合を減らして正常化させた。

商品開発にも力を入れた。そのため、時には横浜の研究所（現・リサーチセンター新横浜）に出向いては研究員らと話し合ったりした。

海外から来た顧客にも、必要と判断すれば研究所に案内した。すると「化粧品会社なのに、どうしてこんなに大きな研究所をもっているのか」とよく質問された。

確かに内外の化粧品会社と比べると、資生堂の研究開発費の売上高に対する割合は高い。その理由は、もともと調剤薬局から出発し、その後、研究機能をもつ医薬品工場も設けた。

研究部門の比重が大きい医薬品製造の伝統が、化粧品会社となっても受け継がれているからだ、などと答えた。

研究所と共同でＵＶ（紫外線）ケア化粧品シリーズの商品化も進めた。その十数年前、まだＵＶが皮膚の健康を損なうことがあまり知られていないころから、学問的知識に基づき、ＵＶを吸収して皮膚のダメージを防ぐ化粧品の開発に取り組んでいた。その後、ＵＶ化粧品は急速に進化し、今では会社にとって重要な商品群となっている。

新規事業として、皮膚外用薬を中心とする医薬品事業も進めた。長く遠ざかっていた事業の復活でもあり、折から高まっていた健康志向も意識した。商品開発企画は本社で、販売部門は新たに設立した資生堂薬品株式会社が担当した。

ＵＶケアなどの「美と健康」関連の新商品は、社長になる少し前から手掛けていた「美しく年を重ねる――サクセスフル・エイジング」というプロジェクトと連動させることができた。高齢化が進む中、病気に対しては国や製薬会社の支援などがあるが、健康に年を重ねることへの社会的支援はない。そういう分野で化粧品会社は何か貢献できるのでは、という考えから始めたことだ。

年齢を逆行することはできないが、年を重ねる中で磨かれ、その年齢なりに輝くことはできる。そういう生き方を提唱して、セミナーや国際フォーラムなどを開いた。驚いたことにセミナーには二〇代の参加者も多く見られた。「美しく年を重ねる」ことへの関心の広がりが察せられ、プロジェクトの意義の大きさを実感した。

この運動の中で私は「福原義春サクセスフルエイジング対談」と題し、女優の浜美枝さん、画家の熊田千佳慕さんら二三人と対談した本をシリーズで六年間にわたって出版した。

痛み伴う決断

かつて日本では、海外勤務経験者は社長になれない、と言われた。私が社長になった後から、少しずつ海外経験のある社長が目立ってきた。結果的に私はその先駆となったようだ。

社長の立場でも、海外事業を積極的に進めた。それにより、フランスをはじめ多くの国で資生堂ブランドの評価が高まるとともに、私の交友関係の国際的な広がりも増していった。

例えば、フランスのエルメス社と、日本での香水販売のために合弁会社を設立した関係で、故・ジャン・ルイ・デュマ・エルメス社長と親しくなった。デュマ社長夫妻が来日した際、鎌倉を案内し、逗子のわが家にも招いている。

わが家には、ヘルムート・シュミット元西ドイツ首相も一九八九（平成元）年に訪れた。シュミット夫人が植物考古学者で、私のランのことを知って興味をもたれたのが縁であった。

国内でもいろいろな広がりがあり、経営改革以外でも忙しくなった。一方で、思いもかけない出来事もあった。その一つが九一（平成三）年の損失補填事件である。

証券会社が、企業から預かった株式の運用で損失が起きても、一部の企業にはその損失分を穴埋めしていた、という損失補填の事実が明るみになった。その企業リストに資生堂が含まれていると報道されたのだ。

すべては証券会社が知っていることで、資生堂の財務部門も詳細は分からなかった。しかし、一刻も早く対外的に説明すべきだと判断。社長の私が記者クラブに出向き、会見の場で「損失補填の依頼はしていないが、通常の取引と思っていたことが社会の認識とずれていたかもしれない」と述べた。

多くの会社が補填先の企業リストに載っていたが、社長が自ら直ちに会見に臨んだのは結局、資生堂だけだった。その対応が、最終的にプラス評価となる。危機管理には決断の早さも重要だ、という教訓を得た出来事だった。

海外の要人が逗子の自宅を訪ねてこられることも。エルメス社のデュマ社長と夫人（写真上・ランの温室にて）。シュミット元西ドイツ首相（写真下）も夫妻でみえた

さらに一九九五（平成七）年六月、資生堂は公正取引委員会から独占禁止法違反で排除勧告を受けたが、その四カ月後に受け入れる決断をした。

化粧品は戦後、激しい価格競争が起こり、業界が結束して運動し、再販売価格維持が認められていた。しかし企業も消費者も変わる中で、価格維持の保護を受け続けることはできない。そういう変化への対応を検討している途中で、一部の小売店とのトラブルが原因で公取委の調査を受けたのである。

経緯がどうであれ、疑惑をもたれたこと自体、残念であった。排除勧告には、会社としてすぐに改めるべき内容もあったが、事実誤認があり、受け入れられない部分もあった。社内では審判に持ち込んで争うべきだ、という意見が強かった。

私の考えでは、審判に持ち込めば結論が出るまでに何年もかかる。その間、社員のモラル低下、小売店の活動の委縮、企業イメージへの悪影響などが予想される。それよりも受諾してさっぱりさせ、新たな出発を期した方がよいと考えた。大きな決断ではあったが、その後は会社も業界も前向きになれたので、今はこれでよかったと思っている。

第九章　さらなる広がり

会長就任と社外活動

一九九七（平成九）年、資生堂は化粧品事業一〇〇周年を迎えた。その年の六月、五期一〇年務めた社長を退いて、会長となった。

社長としてやり残したと思うことはあった。辞めると決める前に、それとなく周囲に相談すると「今辞めるのは愚行だ」とさえ言う人もあった。

しかし引き際も大切である。社長の座に長く居続けるうち、社内で事件が起きたり、下の人に裏切られた人の例を多く見て、教訓としていた。そういう社長も恐らく「辞めては困る」などと懇願され、辞任の機会を失ったのではないだろうか。

その年の一月、まず後任を託せる弦間明副社長（当時）に「社長を辞めたら、後をよろしくお願いします」と告げると「そうですか。分かりました」とだけ答えた。その返事を聞いて私は安心した。

弦間さんは販売畑で育ち、イタリア勤務の時には現地での販売の問題に粘り強く取り組み、解決してくれた。大野良雄前社長の時代に将来の社長候補の一人となり、その後はさまざまな部門を体験し、私の考えもよく理解していたのだ。

会長に就くと、会社の外での活動が広がっていった。社長時代も、経団連や東商（東京商工会議所）などでの財界活動やいろいろな団体の役職に就いていたが、その割合が一気に増えたのである。

東商での活動は社長に就いた一九八七（昭和六二）年から始めた。

当時は消費税導入が財界でも大きな関心事であった。私は税制委員会の委員となり、その賛否を考える論議に加わった。国際部のころ、頻繁に海外に出張して、間接税が主要国では当たり前になっている状況を見てきたので「時代の流れではないか」と発言すると、これもきっかけとなって、それまで導入に反対していた東商が一転、賛成を表明した。

2002（平成14）年、東京商工会議所などの代表団とともに、日伊ビジネスグループの日本側議長としてイタリアを訪問（右から2人目）。北イタリア・ロンバルディア州知事主催の晩餐会で

税制について少しでも勉強したのは、この委員の時が初めてであったが、その後、委員長を任された。二〇〇〇（平成一二）年から四年間、政府税制調査会の委員も務めた。東商ではまた、一九九九（平成一一）年から四年間、副会頭を務めた。

国際的な経済人会議にも、社長の時からかかわっていた。

一つは「日仏クラブ」である。両国の財界人が相互理解を深め、産業経済や科学技術などでの協力関係を強めるのが目的で、年一回の総会を交互に開催している。私は一九九九（平成一一）年から日本側議長を仰せつかっている。フランス側の議長は現在、ルノーのカルロス・ゴーン会長兼ＣＥＯである。

日本とイタリアの財界人の組織である「日伊ビジネスグループ」（ＩＪＢＧ）にも参加し、二〇〇〇（平成一二）年から一〇年間、日本側の議長を務めた。組織の目的は貿易・投資・第三国市場協力という三つの活動の促進で、合同会議やビジネスマン交流プログラム、共同調査などを行っている。

資生堂にとってイタリアは、フランスと並ぶ重要な市場である。会社の仕事を通して、この国についてよく知っているつもりでいた。しかし日伊両国ともに中小企業の存在感が大きいことなど、このグループの活動を通じて学んだことも多い。

湘南国際村に力注ぐ

一九八〇年代の終わりごろ、三浦半島の葉山町と横須賀市の境にある丘陵地を県が開発し、国際的な研究や研修、文化交流などの拠点として整備するという話が聞こえてきた。

この辺りはわが家のハイキングコースで、豊かな自然に心が和まされていた。畑で栽培している切り花を買うのも楽しみのひとつだった。市街地から隔絶した「隠れ里」のような趣もあり、地元住民としては、開発に賛成できない気持ちであった。

しかし、そこに住む人々にとって、開発により道路が整備され、町に出掛けやすくなるというメリットは大きかった。結局、地元の賛成が得られて、計画通り、一九九四（平成六）年に「湘南国際村」が誕生したのである。

ところが〝バブル〟の崩壊により、分譲地の販売が思わしくなく、資生堂にも「買ってくれないか」という要請が来た。当時私は社長であった。ちょうど静岡県・伊豆山にあった会社の研修所が老朽化し、道路の事情で建て替えもできなかったこともあり、この「村」の一画を購入し移転することに決めた。

私としては造成以前の自然のままがよかったが、すでに開発は行われ、元に戻すことはできない。それなら、早く入居して緑化を進めるのが、地域のためになると考えたのだ。

会長時代の一九九九（平成一一）年に、湘南国際村のソフト部分を担当するかながわ学術研究交流財団（K－FACE）の理事長に就いた。前任の理事長は、神奈川県知事時代にこの開発計画を提唱した長洲一二さんである。長洲さんが亡くなったので、葉山の出身で、以前、理事長を務めた故・鈴木治雄さんが私を推したのだ。

鈴木さんとは、一九八六（昭和六一）年にパリで開かれた「前衛芸術の日本　一九一〇—一九七〇」という展覧会のレセプションで初めてお会いした。私は、この展覧会に資生堂のポスターなどを提供した関係で出席し、当時、昭和電工会長の鈴木さんは日本の財界代表として参加されていた。以後、企業メセナ協議会や日仏文化クラブをはじめ財界関係のいろいろな場でご一緒した。

二〇〇〇（平成一二）年に私は、世界の企業トップが集まる「世界経済フォーラム年次会議」、通称「ダボス会議」にパネリストとして参加した。開催地のスイス・ダボスは、夏は避暑地、冬はスキー場として観光客でにぎわうが、この会議の期間だけはスーツ姿の企業人や政治家が集まる。

その経験から、湘南国際村を「日本のダボス」にできないか、と考えた。しかしこの理想は、予算の削減や、東京に通ずる道路計画の遅れなどから実現が難しくなった。それでもとにかく「村」の施設を生かすことが大切である。そのためいろいろな方の協力を得て、ユニークなセミナーや注目を集めるようなフォーラムの開催に取り組んできた。

この財団は〇七年に神奈川県国際交流協会と統合し、かながわ国際交流財団となった。私は新しい財団の理事長も引き継ぎ、国際交流、国際性豊かな人材の育成、根岸線本郷台駅前にある国際理解のための県立施設「あーすぷらざ」の運営などにもかかわるようになった。

「また来たい」施設に

会長に就いて四カ月後の一九九七（平成九）年一〇月、湘南国際村の一角に資生堂の新しい研修施設ＥＣＯＬＥ　ＤＥ　ＨＡＹＡＭＡ（エコール・ド・ハヤマ）がオープンした。設計のコンセプトは「ここに来てよかった。また来たい」と思えるような、新しいスタイルの研修所である。

まだ社長時代、工事が始まり骨組みを造っているところをたまたま見た。その印象から、「ただ押し込まれて勉強するだけの施設」になるのでは、と心配になった。それでは、せっかく新築しても、あまり活用されないだろう。そう考えてコンセプトをきちんと作り、設計者と部屋の構成、内装などを再検討した。

建物正面のデザインは、アルミ材を使った屛風を思わせるデザイン、土壁、石の床、竹の植え込みにより、資生堂を創業以来支えてきた「東洋と西洋の文化の融合」という理念を象徴している。宿泊室は個室で、部屋ごとに内装の色を変えるなどデザインにも凝った。景観もよいので、研修室や食堂の外はデッキ張りの広いテラスにして、歩いたりくつろいだりできるようにした。夜、研修生同士がゆっくり語り合うための空間も設けた。

しかしあくまでも研修施設で、中途半端なリゾート施設になってはいけない。その点にも配慮した結果、よい思い出がつくってもらえるような研修所が出来上がった。

今、自宅近くの逗子駅周辺を歩いていると、時々、研修帰りと見られる、資生堂のビューティーコンサルタントの制服を着た女性たちとすれ違う。「いいところだったわね」などと話しているのを耳にすると、しつらえに手間暇かけたかいがあったと思う。現在に至るまで稼働率も高い。

湘南国際村の近くに「子安《こやす》の里」という自然のよく残る地区があり、「村」の特色の一つとなっ

湘南国際村にある資生堂の研修施設 ECOLE DE HAYAMA（エコール・ド・ハヤマ）の正面

ている。研修帰りの女性たちが「もう少し時間があれば、近くを散歩できたのにね」と話していたと知り、私も残念に思ったこともある。

「来てよかった」と思われる施設にするため、この研修所ではハードを工夫したのだが、二〇〇〇（平成一二）年から館長を務める東京都写真美術館ではソフトの改革を行った。

この年、徳間書店社長で逗子開成学園理事長なども務めた徳間康快《やすよし》さんが、ここの館長に就任して数カ月後に急死された。それで石原慎太郎東京都知事から相談を受けたアサヒビール元会長の樋口廣太郎《ひろたろう》さんが、私の名を挙げたのだ。

ただし樋口さんは、私の伯父たちが写真家で、その作品がこの美術館に収蔵されていることも、私が若いころ、写真家の卵としても活動したこともご存じなかった。

私はまず、広報に力を入れるべきだと考え、広報の専門職員を採用した。企業の賛助会員を募る仕事にも専門職員を置いた。

一番大切なことは、来館者にいかに満足してもらうかという心遣い、つまりホスピタリティーである。それが欠けていると感じた。私は職員に「お客さまの方に考えが向いていないのはおかしいのでは」と繰り返し問い掛けた。

そうやって職員たちの意識を変えただけで、美術館の活動は大きく変貌した。職員が問題点に気付き、改善のためにさまざまな努力をした結果、私の館長就任一〇年間で入館者倍増という成果をもたらした。

バリでの体験

二〇〇一（平成一三）年、会長を退き、取締役も退任し名誉会長となった。

その翌年、インドネシアのバリ島ウブドに資生堂と、ウブドの王家スカワティ一族との協力によりスパリゾート「キラーナスパ」が開業した。その竣工の儀式に「退役」した私が資生堂を代表して出席した。会社の別な行事のため「現役」は誰も都合がつかなかったからだ。

この事業の発端は、私が社長時代の一九九五（平成七）年から会長時代の九九（平成一一）年にかけて主催した、次世代の幹部育成の研修プログラム「ＦＡクラブ」である。

「Ｆ」は福原とファンダメンタル、「Ａ」はアカデミーとアートの頭文字だ。私は社長になる以前にも、部下に幅広い知識を身に付けてもらおうと、折に触れて研修の場を設けてきた。社長に就任してから、それらが発展し「ＦＡクラブ」として組織化された。

最初に開いた「ミネルヴァ塾」は原則三泊四日の日程を年二、三回実施し、研修施設という非日常の場で社会、倫理、感性といった抽象的で普遍的なことを学んでもらうものだった。

ミネルヴァ塾はその後、「伝承・文化塾」へと発展し、新たに企画したＦＡクラブでは、研修の場が国際的に散らばった。全八回のうち、国内は京都と東京、海外は第二回と六回をバリで開いたほか、上海、ハノイなどでも行った。

一九九六（平成八）年の第二回セミナーの際、私は初めてバリを訪れた。友人のデザイナー若山和央さんが一時、バリに住み、その時体験した不思議な出来事を聞かされていたので、とても興味があった。行ってみると、果たして衝撃的な体験が待っていたのである。

滞在していたウブドのホテルで早朝、前庭から渓谷を眺めていたら、突然、鳥が鳴き出した。何種類もの鳥が数分ごとに「主役」を交代しながらさえずり続けた。まるでオペラの舞台のように……。鳥たちの競演に魅せられて一時間ほど、動けずにいると、やがて体の中を霊感か何かが貫いた。その瞬間、はるか遠くの寺院の鐘の音や犬の吠える声が耳に入ってきて、私は何か特別な力が体中にみなぎったように感じたのだった。

そういう神秘的な経験とは別の意味で私を刺激したのが、ホテルのオーナーで、ウブド王家六代目のスカワティさんの話である。

その三代目、つまり曾祖父はバリ固有の文化と西洋の文化の融合を目指し、バリに新しい文化をつくった。その息子をかつての宗主国のオランダに留学させる時に「卒業証書を持って帰ることはない。外の世界からバリをよく眺めてくるように」と告げたという。

私は日ごろ社員に「会社の外に出ていろいろな体験をするように」と勧めてきたが、三代目の考えはそれに通ずると思われた。

また、東洋と西洋の文化の融合は、資生堂を創業から今日まで支えてきた理念である。そもそも「易経」の言葉である「資生」を社名に掲げたように、儒教の精神を大切にしながら、

2002（平成14）年、資生堂とバリのスカワティー一族との合弁事業として開業したスパリゾート「キラーナスパ」の竣工の儀式に参列（前列右から４人目）

薬剤の開発・製造、経営手法などは西洋から積極的に採り入れた。そういう意味でもスカワティ家に私は惹かれた。

以後、一家と親しく付き合い、その縁がスパ事業につながったのである。

都市に文化の視点を

二〇〇三（平成一五）年暮れ、フランス外務省に招待されて西部のナントと北東部のナンシーなどを訪問した。その年、京都と東京で開かれた「日仏都市会議二〇〇三」の名誉会長という肩書で、それぞれの都市政策などを見て学んだ。

ナント市は今、世界のあちこちの町が取り組んでいる「創造都市（クリエイティブシティ）」の一つである。もとは海運業や造船業で発展したものの、それらが衰退して町の活力が失われた。そこに一九八九（平成元）年、ジャン＝マルク・エーロー市長が就任すると、文化政策を柱に都市再生を図り、十数年後には、雑誌ル・ポワンの「フランス人が最も住みたい町」のアンケートで一位にランクされるまでになった。

私は、二〇〇二（平成一四）年に東京の豊島区文化政策懇話会座長という役を受けたので、文化政策についていろいろ勉強していた。ナント市の文化事業担当者たちから話を聞き、それまで気付かなかった視点なども学ぶことができた。

市のジャン＝ルイ・ボナン文化局長（当時）は文化政策の専門家である。一九八〇年代から九〇年代初めにかけてのミッテラン大統領時代に、文化大臣のジャック・ラング氏の下で文化政策を手掛けた。このいきさつを聞いてボナン氏に親近感が湧いた。

それは、ラング氏と私が友人のような関係にあるからだ。私たちが知り合ったのは八七（昭和六二）年、パリで行われた日仏文化サミット準備委員会の時である。ラング氏はその後、再び文化大臣となり、若者を中心に人気を集めた。ラング氏がテレビカメラに手を振るそばに私が映っている映像が、何度かニュースで流れたこともある。

2009（平成 21）年度の第 58 回神奈川文化賞を受賞。受賞式にて
（手前右。写真：神奈川新聞社提供）

振り返れば、資生堂のフランスでの事業展開のバネになったのは「文化」であった。私が、サミット準備委員会で行った企業と文化についてのスピーチなどが、文化を重視するフランス人の有力経営者などの関心を集め、ビジネスチャンスをもたらしたのだ。しかも経営の第一線から退くと、今度は「文化と都市政策」という別の角度から、この国とのかかわりを深めることになった。

二〇〇七（平成一九）年からは創造都市横浜推進協議会会長も引き受けている。〇九（平成二一）年、神奈川県横浜市などと協力して「横浜クリエイティブシティ国際会議二〇〇九」を開いた際には実行委員長となり、ナント市などで学んだことも役立てることができた。

かながわ国際交流財団の活動でも、私の経験や人脈を生かした事業を行っている。〇三（平成一五）年度から隔年で開催している「ミュージアム・サミット」では各国の美術館から館長らを招き、日本の美術館関係者と美術館の将来像などを議論し、記録を出版している。それにフランスのルーブル美術館からも協力を得ている。

私のこうした企業メセナ活動の推進や、かながわ国際交流財団などの神奈川県内文化団体での活動が評価され、〇九（平成二一）年には、第五八回神奈川文化賞を、さらに一〇（平成二二）年には、第一七回読売国際協力賞をいただくこととなった。読売国際協力賞では、一九九七（平成九）年にパリに開館した「パリ日本文化会館」への尽力も評価の対象となった。

パリ日本文化会館は、一九八〇年代半ばに、中曽根康弘首相（当時）の強いリーダーシップに平岩外四経団連会長（当時）が協力し、日仏協力・官民合同というパートナーシップによって誕生した。初代館長は、元NHKニュースキャスターの磯村尚徳さんである。パリ15区、エッフェル塔に程近いセーヌ河に面した会館では、展覧会、講演やシンポジウム、映画上映、図書館事業などの芸術文化交流と情報サービス提供が活発に行われてきた。現在では日本文化の発信基地として、パリのみならず、ヨーロッパ全土から高い評価を受けている。その運営が始まって以来、私は平岩さんの後を継いで、支援協会の日本側会長を務め、後方支援と運営のアドバイスに努めてきた。

このように、私は国際協力において長年の間にさまざまな道を切り拓き、それらを束ねたり広げたりしてグランドデザインを描いてきた、ともいえる。

今後、グローバル化で文化の均質化が進めば進むほど、「均質化の中の独自性」という価値の意義が大きくなるはずだ。都市や地域では、どれだけ文化的な独自性を出せるかが、政策などの鍵となるだろう。そう考えると、これからの私の活動は、地元神奈川との関係がますます強まっていくような気がしている。

エピローグ

——育てることを楽しむ

毎朝五時に起きて、ランの温室を見て回る。一日の終わりにも見回る。開花したランは写真に撮る習慣も続けている。花の一番美しい時を記録に残そうと考えて始めた。本格的に撮るようになったのは二十数年前である。撮影場所は家の縁側で、そこに鉢のまま運び入れて撮る、いわば「産地直送」が私の写真の特徴である。

撮りためた写真は一九九一（平成三）年、『１００の蘭』と題して文化出版局から出版した。当時、ほかにも自著は出していたが、この本が一番よく売れ、二〇〇四（平成一六）年には続編『１０１の蘭』も出した。写真展も東京などで開いていて、葉山町一色にある葉山文化園でも四度、展覧した。ランの魅力は形態や生態の多様さである。それを私の写真を通じて伝えられたら、と思う。

ランを育てるのは、楽しさもあれば難しさもある。人と同じである。

人を育てることに関連して興味深く思ったのが、鎌倉にお住まいの料理研究家、辰巳芳子さんがテレビで話していたことである。

ちなみに辰巳さんは子どものころ、私と同じ品川の長者丸に住んでいた。先ごろ対談でお会いしたら、芳子さんの方は幼いころの私を覚えていらっしゃった。そのテレビの話では、辰巳さんは母親の影響で料理の道に進んだ。しかし子どもの時に教わったのは、味付けや包丁さばきなどではなかった。ふきんの使い方を徹底的に指導された。ちゃぶ台、食器など、拭くものによって、ふきんの絞り方にも何通りもの違いがある、と覚えさせられたという。ふきんの絞り方などは、料理の知識や技術に直接関係ないように思えるが、その指導を通じて、母親の料理に対する考え方や、料理をする上で大切な心得などが伝えられたはずである。

私には女二人と男一人の子どもがいる。子育ての多くは妻が担ってくれたが、私も可能な限り参加した。会社でも、いろいろな形で人材育成に力を注いだ。

このような経験を踏まえて感じるのは、辰巳さんのお話は、人を育てる上で貴重な示唆になっている、ということである。結果や表面的なことだけを教えると、相手が思い通りの方向に進まないときがある。それよりも、基本的な部分で重要なことを教える方が、結果が出るのは遅くても、こちらの意図が確実に伝わることがある。そういう奥深いところが分かってくるのも、育てる楽しさの一つだと思う。

私の人生を振り返るなかで、人や企業、文化、友情など、何かを「育てる」ことに関連した話をできるだけ拾ったつもりである。その意図が読者に伝わったかどうかは分からない。しかし、私自身は、このテーマを考えている中に、新たな気づきを得ることができたように感じている。そういう意味も含めて、最後まで読まれた方々にはお礼を申し上げたい。

■インタビュー

自分育てのキーワード

複線人生ノススメ

「好きなこと」「いやなこと」とは

――まず、本書のタイトル「好きなことを楽しみ　いやなことに学ぶ」にこめられたお気持ちからうかがいたいと思います。福原さんにとって、「好きなこと」とは、どんなことですか。

読書ですね。もっと言えば、ランを育てることもそうだけど、自然とふれあったり、絵画や映画を鑑賞したり、音楽を聴いたり……。こうやって挙げてみると、どうやら外から刺激を受けるのが楽しいようですね。

――読書もランの栽培も、子どものころから長く続けていらっしゃいますね。

そうです、振り返ってみると、楽しみながら、その中からたくさんのことを学んできましたね。人生観、自然観といった自分自身の核となる部分が養われたように思います。

――半面、「いやなこと」も、たくさん体験されてこられたわけですよね。

それはそうですよ。誰にでも「いやだな」と感じることは、いっぱいあるでしょう。社会人になれば、いやな仕事もしなくてはならなかったり、いやな上司がいたり。直属の上司が威張り散らす人だったり、思いつきで考えをコロコロ変える人、昨日と今日とで言ってることが違う人とかね。必ずいますよ。

ただ、そういう人とめぐりあったとき、ぼくはいつも「ああなっちゃいけないんだな」と、反面教師として「学ぶ」ようにしてきました。それと理由も考えてみるんです。何の得にもならないのに、なぜ威張るのかなって。きっと、それは中身がカラだから。文字通り空威張りするよりほかないんでしょう。思いつきで考えを変える上司は、なぜそうするのかという説明がないので、こっちは納得がいかない。ついていけません。自分の立ち位置をしっかり固めて、考えをロジックにしておかなければ、誰もついてこないし、部下から信頼してもらえない。そういう上司にはなるまい、と思ったわけです。

——いま、若者の就職をめぐる環境が厳しくなっています。ようやく就職しても、本来、自分が目指していた職種と違うから、あるいは配属された先の仕事が面白くないからと失望したり、短期間で辞めてしまう人もいると聞きますが。

それはとても惜しいことだと思いますね。たとえ自分の希望どおりにいかなかったとしても、一度その会社で働こうと決めたなら、胆を据えて、自分を合わせていくより他ない。簡単に合わないと判断せずに、歯をくいしばって頑張ってやりぬいてみたらいいと思う。そのうちに、何かが変わってくるはずです。自分が変わってくるか、会社が変わってくるか、時代が変わってくるか、それは分からないけれども。両方が変わることだってあります。先ほどお話ししたように、いやだなあと思う状況を反面教師として学んでおくこともできます。

——たとえば、人とふれあう営業を希望していたのに、パソコン相手の管理部門に配属になったり、宣伝部で創造力を発揮しようと意気込んでいたら、経理に配属になったり、頑張りようがないと思えてしまう場合も、現実にはあると思うのですが。

だからといって、辞めてしまうことはない。人生を長いスパンでとらえて、「いまは、そういう場で生きる時間、学ぶ時間なのだ」と思えばいいんです。経験して無駄なことは、何ひとつないんですから。その代わり、仕事以外で自分らしさを生かしたり、伸ばしたりする時間を持つことを奨めたいですね。

人とふれあいたければ、地域のボランティア活動や趣味のコミュニティーに参加してもいいし、創造性を養いたければ小説を書いたり、俳句をつくったり、作曲したりして楽しんではどうですか。そして、いよいよ希望する部署に配属となったら、それまで養ってきた力を仕事で存分に発揮すればいいと思います。

実際、ぼくは五〇年もランの栽培を趣味にしているけれど、ランを通じて、仕事とは違った世界の人たちとの出会いに恵まれました。いま振り返ってみても、ここから得るところは実に大きかったと思います。仕事で行き詰って考えあぐねていたとき、ランの世話をしながらふっと解決策がひらめいた、なんてことも何度かありましたし。

私生活を充実させることは仕事の妨げになると批判された昔とは違って、今は世の中が「生き方」にもさまざまな価値を認める時代になってきています。仕事をA面とするなら、ぜひB面も持って、趣味でもなんでも、夢中になれることに打ち込んでみるべきです。考え方に多面性が生まれるし、しなやかな思考を育てることにもつながります。ぼくはそのような生き方を「複線人生」とよく表現しますけれど。

——B面で得た成果や智恵をA面に引用したり、その逆もあったりということですね。

そうです。A面B面が並行でなくて、交差することもあるんですね。ただ、ぼくが考える複線人生というのは、A面に困ったからB面に逃げ込んだり、B面をもっているのを隠したりというのではなくて、両方が一緒に成り立つような人生なんですね。近頃「ワーク・ライフ・バランス」という言葉が、流行語のようになっていますが、単に労働時間を減らすというよりも、仕事と遊び、あるいは私生活を多元的にこなして、自分の人生をより一層充実させ、社会のなかで自己実現する、そういう生き方の模索と考えたい。

それともうひとつ、A面でもB面でも好きなことをしているとき、それをただ喜んでやるんじゃなくて、味わうんです。

――「味わう」とは、具体的には?

ランを育てていると、花が咲けば嬉しいものです。それは咲かせるまでの過程を含めて、喜びを味わっているということでしょう。手をかけすぎて失敗したとか、こんな工夫をしてうまくいったとか、そうした努力の末に得られた達成感で喜びの味わいは増す、このような感覚は人間以外には持てません。仕事も同じで、どんなに好きな仕事でも、過程にはさまざまな気づきを重ねているはずです。それを忘れずに、学んだことを次の過程にフィードバックすることによって、段々とレベルの高い仕事ができるようになっていく。「いやなこと」も

「福原義春写真展〈私と蘭138〉」を開催（2010〈平成22〉年3月、東京和光並木ホール）。自ら栽培し、撮影したランの花の写真を展示した

味わって、学ぶんです。だから、たとえ希望どおりの会社に入れなくても、希望どおりの配属にならなくても、いやだからといって簡単に逃げたりしないほうがいいと、そう思います。

――なんで「いやだな」と思うのか、自分の気持ちに向き合うのも大事ですね。

自分のほうが悪いことだってあるかもしれないですしね。いやなことがあるから、好きなことがよけいに楽しくなるとも言える。性急に結果を求めないで、おおらかに考えてみてはどうでしょう。一生、好きなことだけで終えられる人はいないんですから。

人というのは生きている間、ずっと学んで

いるのだというのがぼくの持論です。ただし、ここでいう「学ぶ」とは、「覚える」のではなく「知る」こと。社会人になると「覚える」より「知る」ほうが大きい意味をもつんじゃないでしょうか。

――それはなぜですか。

竹田篤司先生という哲学者の書かれた『フランス的人間』という本のなかに、「人間は知ることによって人間となる」という一節があるんですね。「知る」とは、たとえば自分が何者であるかを知ることであり、向かい合っている相手を知ることでもあります。

社会という人間同士の関係性のなかでより良く生きるには、勉強するように「覚える」のではなく、「知って理解する」ほうが、大切になる。さらにそこに「人間らしく感じる」力を働かせれば、相手を「わかる」ことができるようになるはずです。

この「人間らしく感じる」力、「わかる」力を養うには、どうすればいいか。社会での経験や人との出会いを積み重ねていくこともちろん大事ですが、それに加えて「読書」の習慣をぜひ、お奨めしたい。

本には、累々と継承されてきた人間たちの智恵が集積されています。いわば「知の金庫」

ですよ。成功の経験も失敗の経験も、ちゃんと本として残っている。これを読んで学ばない手はないじゃないですか。ぼくがいろいろな場で、繰り返し「本を読もう」と言っているのは、そういうわけもあるんです。

石炭は積めるだけ積んで走る

——読書はためになる、とたいていの人が思いながら、忙しくて時間がないのを理由に後回しにしてしまう場合が多いようです。

本を読むのに、特別な時間を設ける必要はないと思うんです。どんなに忙しくても、誰でも朝起きれば顔を洗うし、食事をするでしょう。それと同じで、五分、十分とか、少しの時間でも読書はできます。

反対に午後いっぱいを読書のために空けて、さあ本を読もうと取り掛かるとかえって集中しないことがあります。

――まとまった時間がないと読書ができないということはないんですね。

そうです。たとえばぼくだって、一時間じっくり本を読むような贅沢な時間はなかなかとれません。では、いつ読むかというと、朝出かける前の数分、食事を終えた後の休憩とか、次の予定までに空いたわずかな時間、寝る前に少し読み……そんな細切れの読書をずっと続けてきました。

――堅苦しく考えず、自分の生活スタイルに合わせて、短い時間でも読書の時間をつくるようにされてきたわけですね。

ええ。それに、一冊の本だけをずっと読み続けているわけではないんです。並行して五冊くらいを手元において、朝の気分、夜の気分、そのときの気分で読みたいものを選んでいます。

先ほど、読書は先人の智恵を学ぶ手段、というお話をしましたけれど、同時に楽しみ、娯楽でもあるわけで、夢をもったり、バーチャルにいろいろな冒険をしたり、そうした願いを本がかなえてくれる面もありますよね。義務感だけの読書じゃ、つまらないでしょう。

ぼくの場合は、忙しければ忙しいほど本が読みたくなるほうですね。現実世界に追われていると、別のもっと大きな世界に逃げたくなってしまうというか……。

——そういうときに、読みたくなる本というのは？

若い頃は、ブラッドベリの『火星人記録』、ガモフの『不思議の国のトムキンス』といったSFものや科学もの、小栗虫太郎の『黒死館殺人事件』などの推理小説に夢中になったこともありました。アドベンチャーものだと、ヒギンズの『鷲は舞い降りた』、ビーチの『深く静かに潜航せよ』が面白かった。

でも、管理職につくようになってからは、わりあい堅い本を読んでいましたね。司馬遷の『史記』とか、パーキンソンの『パーキンソンの法則』、『東洋と西洋——パーキンソンの歴史法則』だとか。『史記』は堅いけれど、難しくはないんです。ちょうど課長になったばかりの忙しい頃に読んで、感動した覚えがありますよ。多くのリーダーたちが国をどう統治したか、まさにこれは先人の成功と失敗の記録でしょう。人間のドラマとして読んでも面白い。命がけでこの壮大な歴史書に取り組んだ司馬遷のプロフェッショナリズムにも圧倒されました。

それと、社長になった頃には、老子、荘子も読みましたね。「無知無欲」「無為自然」の思想からは、実にたくさんのことを教わりました。あと、ラ・ロシュフコーの『ラ・ロシュフコー箴言集』は、今でもことあるごとに読み返しています。

――『ラ・ロシュフコー箴言集』を最初にお読みになったのは?

大学生のときです。フランス語の先生が、サルトルの『嘔吐』を翻訳されたフランス文学者の白井浩司さんでしたから、たぶん白井先生からすすめられて読んだのでしょうね。

読んで驚いたというか、恐くなるというか、人間の本質を見事に言い当てていて、飽きることがない。読むたびに気づきがあるし、学ぶところがあります。たとえば「われわれはあまりにも他人の目に自分を偽装することに慣れきって、ついには自分自身にも自分を偽装するに至るのである」(箴言番号一一九)とか、「人はふつう誉められるためにしか誉めない」(同一四六)とか。どうです? 自分のことと引き比べてみて、ぎくっとしませんか。

――たしかに……(笑)。読書の手始めとして、昔読んで面白いと思った本をもう一度読んでみるのもいいかもしれませんね。

ええ。以前とは違う印象を抱いたり、前に読み飛ばしていたけれど、今回読み直してみて大事なところがあったな、とか。繰り返し読む本ならではの発見というものもありますね。そういう部分にマーカーで印をつけておくのもいいと、編集工学研究所長の松岡正剛さんもおっしゃっています。二〇代、三〇代、四〇代、読むたびに心に響いた箇所に違う色のマーカーで印をつけておくんだそうです。するとマーカーを引く場所が変わってくる。そうやって自分自身の意識の変化とか、成長をながめるのも一つの読書の楽しみ方かもしれません。

――読んだ本のすべてが面白いというわけにはいかないと思うのですが、時間の無駄だったとは思われませんか。

そうは思いませんね。どんな本にも汲むべきところがありますよ。勉強するという意味ではなくてね。

たしかに十冊読んで十冊面白い、ということはないでしょう。本にも相性がありますから。ただ夢中になれる本との出合いが、読書を続けるきっかけになるのは確かだと思います。まあ、夢中になれる本といっても、これがまた、なかなか出合えないのだけれど。最近では、ダニエル・ケールマン『世界の測量　ガウスとフンボルトの物語』、これは面白くて、あっという間に読んでしまいました。

――読むべき本と読むべきではない本を区別したほうがいいのでしょうか。

読んで損する本はないと思います。興味を持ったら、まずは読んでみたらいかがですか。「機関車を走らせるなら、発車する前に石炭を積めるだけ積んでおけ」。これは今の歌舞伎役者

資生堂本社内の執務室にも本の山が築かれる

の中村勘三郎さんがまだ勘九郎だった時代に、お父さんの先代勘三郎から言われた言葉だそうですが、「機関車」を「社会で生きていく自分」、「石炭」を「本」に置き換えてみてください。

石炭だって、何も最上質のものばかり積む必要はないんです。いろんな種類の石炭を積むことも大切ですよ。水気の多いものだって、もしかしたら燃焼の具合が思ったよりはましかもしれない。むしろ「質だけでなくて、量も大事」なんだと思っています。

それと、企業人だからといって、ビジネス書ばかり読もうとせずに、さまざまなジャンルの本を読んでみてはどうでしょう。自分にはない視点や考え方を取り込むチャンスになるかもしれません。

先ほど、ランの栽培をしていて、ひらめいたという話をしましたけれど、本を読んでいても同様のことがおきるんですね。その本を読んで問題解決のヒントを得る場合もあるけれど、そうではなくて、一つのことをずーっと考えていて、くたびれてひょいと本を読むと、突然、こうすればいいいんだと分かるんですね。

どういうんでしょう。そういう体験が何度かあるんです。

――読書が一種のリフレッシュにつながったのですね。

そうです。そのことばっかり、頭の中であれこれ練っても、全然解決にならないんですよ。「下手の考え休むに似たり」というじゃないですか。堂々巡りしちゃうんですね。ですから徹底的に考えたところで、違う場所に自分を置くと、ひらめくことがある。これも「複線」の効用です。

――福原さんは、お母様の読み聞かせや、戦争で疎開中に本に親しんだ体験で読書の習慣を身につけられたとうかがっています。けれど残念ながら大人になっても本を読み慣れない人が、どうやったら読書の習慣を身につけることができるのか、アドバイスをいただけませんか。

最初はある程度、強制的に自分に読書を課すよりほかないでしょうね。『季節を生きる』というぼくの著書のなかにもそういうことを書いているんですが「人と自然の一体感を取り戻すためには、意識して、なかば強制的に自然に向き合うべきだ」と。それと同じです。さっきも言いましたが、まずは単純に読みたいと思う本を手にとってみてはどうですか。近所の図書館に行ってみるとか、書店なら、おすすめの本がそれと分かるように陳列してあるし、新聞の書評欄や広告欄も参考になるでしょう。友人に本好きの人がいれば、喜んで教えてくれるはずです。

そうですね、ぼくから奨めるとしたら、ジャン・ジオノの短編小説『木を植えた人』はどうでしょう。これは、資生堂が創業百二十周年を迎えた一九九二年に、お祝いとして全社員に配った思い出の本でもあります。せいぜい五〇ページほどの厚さなので、読み通すのにそう苦労はない。内容は、ある羊飼いが毎晩百粒のどんぐりの実を選り分けて、翌日、荒れた山に蒔くという仕事を黙々と何十年も続け、やがてそこに森を甦らせるという寓話です。薄いとはいえ、実に読みでがあるというか、示唆に富んでいるというか、とても奥深い本だと思います。

『木を植えた人』から学ぶ

――『木を植えた人』を世界中の社員に配られた当時、福原さんは資生堂の社長だったわけですが、本を通して社員に伝えたかったこととは何だったんでしょうか。

『木を植えた人』に記された仕事観ですね。羊飼いのブフィエは、毎晩百粒と決めてどんぐりの実を選り分けている――この限定的な努力があったから、何十年もの間、羊飼いをしながら木を植えるという仕事を続けられたんだと思うんです。長く続けていくための自己規制がある。そこがすばらしい。世の中には、ちょっと興味をもったテーマに猪突猛進して、やるだけやったらすぐに飽きちゃう、そんな人ってたくさんいるでしょう。

――今日はこの程度にして、また次の日にしようって、自己規制できる人のほうが長続きできる……。

そうです。ぼくがランの栽培を続けてこられたのも、自己規制があったからです。今日はこの程度にしておこうとか、次の日に回そう、と考えて無理をしなかったからだと思う。

読書だって同じですよ。わーっと読みたいだけ読んで飽きちゃってしばらく読まない、なんていうよりも、毎日少しの時間でも読む、そういうやり方のほうが、結局は読書の習慣が身についていく。継続は力なりというけれど、本当ですね。ブフィエだって、無理してないですよ。自分が毎日続けられるだけの仕事をしているんです。そうして何十年も続けた後に禿げ山は緑におおわれ、水が湧き出て、川が流れて、やがて人が集まってきて町ができ、生活が豊かになっていくんですね。ですから「急がず絶えざる努力」というブフィエの仕事観を頭のどこかに置いておくと、日常、目の前の忙しさに振り回されるばかりでなく、もう一段高いところに立って視野を広くもてるようになるんじゃないでしょうか。

——ブフィエにとって、羊飼いはA面、どんぐりの実をまくというのは、B面。これも複線人生ですね。

そう思います。世界を見渡すと、複線で人生を豊かにすごしている先輩たちはいっぱいいますよ。

アメリカの物理学者、リチャード・ファインマン先生の自伝的エッセイで『ご冗談でしょう、ファインマンさん』という本があって、これもぼくがお奨めしたい本の中の一冊ですが、ファインマンという人は実にやわらかな脳の持ち主なんですね。部屋に閉じこもって難しい理論を考えているような人じゃない。物理とはまるで違う世界の出来事でも、好奇心に引かれるとそれに夢中になって納得がいくまで追求して飽くことがなかった。カジノでプロの博打うちに弟子入りしたり、打楽器のボンゴでバレエの国際コンクールの伴奏をしたりね。一見、めちゃくちゃに思えるけれど、そういった複線のなかから物理の法則につながる発見をしてしまう。後にノーベル物理学賞を受賞しますが、だからって生き方を変えるわけでなく、最後まで好奇心に満ちた人生を楽しみつくしています。

ノーベル賞といえば、先日ノーベル化学賞を受賞した根岸英一先生だってピアノが趣味だそうで、軽やかに弾かれているのをテレビで拝見しましたよ。

あと、ミシガン大学のノエル・M・ティシーさんという経営学の先生がいましてね。アメリカのゼネラル・エレクトリック社を、世界最強の経営者といわれたジャック・ウェルチとともに立て直した人ですが、以前にお話を聞いていたら、突然ジャズピアノを弾き始めたんですよ。なかなかお上手で、びっくりしました。こういう例を挙げればきりがないですよ。

——A面、B面、中身が違っても、物事をつきつめれば本質の部分で同じところに行き着くのかもしれません。

ええ。先ほどの『木を植えた人』の話に戻りますけれど、この小さな小説から教わることってたくさんありますが、もうひとつ、挙げておきたいことは「蓄積」がいかに大事か。「蓄積は力なり」というけれど、力以上のものですよ。ただし、蓄積するといっても、つまらないことをいくら蓄積しても意味がない。では何をするか。つまり最初のコンセプトがものすごく大事なんですね。このコンセプトを決めるのは、自分以外にない。そのとき指針にすべきもの――これもやはり本だとぼくは思うんです。

過去の人たちはどう生きてきたか、彼らが積み重ねてきた知識や体験、さらに今、同時代を生きる多くの人たちがいかに多様な思想をもっているか、未来予想図……あらゆる情報が本に記されています。

どうぞ今日からでも本を手にとって読んでください。忙しいときこそ読んでほしい。本から吸収した栄養は、その時から読む人の人生や仕事に役立つはずです。それは、ぼくが自信をもって保証しますよ。

インタビュアー・山田千代

あとがき

一九三一年生まれの私は、あともう僅かで満八〇歳を迎える。殆どは二〇世紀の日本の中で暮らして来たので、その間の価値観の大転換に遭遇した。あるいはそのことを間近に見てしかも体験する機会を与えられたと云ってもよいかも知れない。

会社に入ってからは内向きになっていた会社の風土の中で次々といくつかの全く違った仕事をあてがわれ、そればかりではなく自ら社外のことを買って出たりやらされたりして来た。

そうした経歴は新聞各社の興味を惹いたと見えて毎日新聞「銀座物語」（島森路子・一九九五〜六年）を皮切りに、日本経済新聞「私の履歴書」（一九九七年）、読売新聞「時代の証言者」（二〇〇三年）、東京新聞・中日新聞・北陸中日新聞「この道」（二〇〇六〜七）の連載となった。

二〇〇九年の年初に神奈川新聞から「わが人生」の連載を頼まれ、今更もう同じ一生を書くことは出来ないのではないかと逡巡したものの、ライターによってインタビューと資料で構成するからと重ねて依頼された。幸いに山田千代さんというすばらしいライターの手で六〇回の連載に仕立てて頂いた。その観点は私がかかわって来た幾つもの仕事を通じて人を、社会を育てて来たことと、居住する神奈川県や地元とのかかわりが主題であった。

この連載がかまくら春秋社の伊藤玄二郎代表によって出版が決定し、編集者の桐島美浦さんによって単行本として仕上げられることになったのは有難い極みである。

資生堂秘書室の新海敦子課長と広報部の服部麻里さん、鳥越千裕さんにも連載以来お世話になったお礼を申し上げなければならない。

考えて見れば私の人生は育てるばかりか育てられ、支えたと思えば実はどなたかに支えられたことの連続であった。それが人生というものだと思う。

二〇一一年新春

福原義春

本書は「神奈川新聞」連載「わが人生」（二〇一〇年七月一日〜八月三一日）に加筆、修正し、インタビューを加えたものです。

福原義春
（ふくはら・よしはる）

1931年東京生まれ。慶應義塾大学経済学部卒業と同時に株式会社資生堂に入社、米国法人社長を経て商品開発部長、取締役外国部長を歴任、87年社長、97年会長、2001年から名誉会長。02年フランスのレジオン・ドヌール勲章グラントフィシエを受章。現在、文部科学省参与、東京都写真美術館館長、企業メセナ協議会会長、文字・活字文化推進機構会長、かながわ国際交流財団理事長を務めるなど多くの公職に就く。著書に『多元価値経営の時代』『文化資本の経営』『部下がついてくる人』『猫と小石とディアギレフ』『ぼくの複線人生』『だから人は本を読む』など多数。近著に『季節を生きる』『ステイヤンゴロジーで人生は輝く！』などがある。

好きなことを楽しく
いやなことに学ぶ
――福原義春流・自分育て、人育て

著　者　福原義春
発行者　伊藤玄二郎
発行所　かまくら春秋社
鎌倉市小町二―一四―七
電話〇四六七（二五）二八六四
印刷所　ケイアール

平成二十三年三月一四日　発行

ISBN978-4-7740-0510-2 C0095